ET LA FORCE D'AIMER

DU MÊME AUTEUR

BELA BARTOK, biographie, Mazarine, 1981 ; édition revue et corrigée, Stock, 1993.

LE CHARME NOIR, roman, Gallimard, 1983.

LES NOCES BARBARES, roman, Gallimard, 1985, Prix Goncourt.

LA FEMME SOUS L'HORIZON, roman, Julliard, 1988.

LE MAÎTRE DES CHIMÈRES, roman, Julliard, 1990.

PRENDS GARDE AU LOUP, roman, Julliard, 1992.

LA MENACE, roman, France-Loisirs, 1993.

LE POISSON QUI RENIFLE, livre pour enfants, Nathan, 1994.

LE PINGOUIN MÉGAMÉLOMANE, livre pour enfants, Nathan, 1994.

LE SOLEIL SE LÈVE A L'OUEST, beau livre, Laffont, 1994.

DISPARUE DANS LA NUIT, roman, Grasset, 1994.

YANN QUEFFÉLEC

ET LA FORCE D'AIMER

roman

BERNARD GRASSET

PARIS

A Léonore,
Malo,
Alan,
Elisabeth.

Aime et fais ce que tu veux.

SAINT AUGUSTIN

PREMIÈRE PARTIE

I

Roulant au pas, le fourgon longeait phares allumés la cour du pénitencier. L'appel isolé d'un oiseau montait par intervalles au milieu du brouillard qui supprimait l'aube. On distinguait un point lumineux à travers le pare-brise. Une lueur de bougie s'effaçait, reprenait. Là-bas, mirage blafard, se dressait la maison d'arrêt. Rien que des femmes.

Sortis du fourgon, les trois policiers remirent leur képi.

— Le chaud ça va, soupira le chef, mais l'humide j'ai du mal.

— Moi c'est les deux, répondit son lieutenant.

Et moi je m'en fous ! pensa le jeune flic. J'ai sommeil. Il suivait mains dans les poches, grognon, écoutant l'oiseau. Pas un rossignol, pas une mésange, pas un piaf. Un bouvreuil ? Un courlis ? Forcément un oiseau de mer.

Ils arrivaient au bâtiment éclairé. Entre deux surveillantes en tenue, sous le faisceau d'un projecteur, la directrice de la prison les attendait en haut des marches.

— Bonjour Messieurs. Vous êtes en avance de dix minutes.

A quatre heures et demie, deux autres surveillantes amenèrent la détenue 207 et la remirent aux policiers. Le chef signa le registre d'écrou. La détenue signa sa feuille de transport.

— Elle est pas plus habillée ? s'étonna le chef à la vue de cette grande fille qui se rendait au tribunal jambes nues, une mini-jupe sur les fesses, et, sur les épaules, un tee-shirt qui s'arrêtait au ras du nombril.

— Pour ce qu'elle a à entendre, elle est très bien comme ça, dit la plus âgée des surveillantes.

La détenue disparut à l'arrière du fourgon. Le jeune flic l'enferma dans la cellule de transport et s'assit devant le réduit verrouillé, sur le strapontin. Ayant rendu les clés au chef il se mit à l'aise. Il desserra sa cravate, ouvrit son col et l'essuya soigneusement avec un mouchoir de papier. La porte extérieure claqua. Ambiance club, un seul des trois néons marchait.

Le fourgon démarra, l'oiseau se tut. Dans le noir, la détenue leva les yeux au ciel et retomba sur le siège rivé à la cloison.

— Ça va derrière ? lança le chef installé à côté du chauffeur.

— Affirmatif, répondit le jeune flic d'une voix blasée.

Ça va mon cul ! Quarante bornes en zigzag à baigner dans son jus. T'avais qu'à dire non. T'es marié avec ton chef ou avec moi ? Ah ça pour les conseils, des championnes. Et l'avancement, trésor ? Et la case crédit sur la feuille de paie ? Il se gifla. Enculés de moustiques ! Ils entraient par la grille d'aération, sautillaient un moment là-haut, près du néon, puis ils vous tombaient sur le râble en douce et pompaient. Ils devaient se régaler sous le tee-shirt de la détenue. Coton, la chasse aux moustiques, avec les menottes. Il bâilla. Un mois de flicaille à peine et il versait déjà son sang. Pour des moustiques. Il attrapa sa bouteille d'eau, se rinça le gosier, essuya de nouveau son col. Bien la peine que sa femme lui repassât les chemises à la flic, avec les trois plis sous l'encolure, et pour pas un rond. La dignité du mari modèle estimé des gradés. Tous les matins il avait sa chemise du jour pendue sur un cintre, à la fenêtre, et les trois plis lui caressaient la peau jusqu'au soir. De quoi il aurait l'air devant les collègues du tribunal, des gendarmes sapés comme des garçons d'honneur ? Il but, regarda le niveau de la bouteille à la lumière du néon pour constater qu'elle était vide. Tu bois une gorgée, t'en sues deux.

— Ça va derrière ?

— Affirmatif.

Les à-coups de la suspension lui remontaient jusqu'aux cheveux. Même en se contorsionnant il n'avait pas la place d'allonger les jambes. Obligé d'avoir le nez collé sur la souricière. A se demander si la souris n'est pas plus au large que lui. Il empoigna sa jambe droite et la fit passer de l'autre côté. Ah dis donc, le bénard, à l'arrivée ! Les beaux plis affûtés au fer à vapeur !

— Donne-lui un peu d'air, fit le chef en tendant la clé par le guichet du panneau blindé. Pas plus d'un quart d'heure.

Entre l'éclairage foireux et les cahots, il dut bien tâtonner cinq minutes avant de trouver la serrure. Il faillit renoncer. Elle arriverait dans les vapes au tribunal, et alors ? Et si ça ne lui plaît pas, elle n'a qu'à porter plainte. Ils ont des droits, les taulards, même quand ils ont ramassé perpète et malédiction.

... Si elle fait un malaise, il est marron. Les primes sautent. Il reste à vie toquard dans les bureaux. Et sa petite femme, il peut toujours s'accrocher. Elle va repasser les trois plis ailleurs, sur les épaules du chef.

La porte s'ouvrit. Il la rabattit contre la cloison où l'aimant la bloqua. Il se rassit les bras croisés. Après quelques secondes, il vit affleurer la pâleur d'un visage. Peut-être qu'elle dormait, peut-être pas. Elle avait les mains posées sur les genoux. Une lueur de métal se balançait dans l'obscurité. Bien sage, la fifille, une momie. Quand on a perpète on y va mollo. Ça vaut mieux si l'on veut avoir encore un peu de sang frais dans les veines à la sortie. Elle est pas malheureuse aujourd'hui. Ça lui fait un bol d'air, ce transport à Toulon. On va lui parler d'elle, l'appeler par son nom, l'informer qu'elle existe et qu'elle est née quelque part où c'est qu'un peu moins naze elle aurait pu retourner donner le bonjour aux voisins. Qu'est-ce qu'elle a fait, déjà ? Il roupillait quand le chef l'a raconté tout à l'heure, en sortant du dépôt. A une longueur de bras une meurtrière homologuée lui bouffait son oxygène, rien que ça. Et c'est pour ce genre de bestiau qu'un flic doit foutre en l'air sa vie privée.

— Ça va toujours ?

— Affirmatif.

— On longe la mer.

Enculés ! pensa le jeune flic.

— Tu l'as rebouclée ?

— Pas encore.

— Laisse ouvert.

Le guichet se referma avec un bruit sec. Le flic attrapa la bouteille et but les dernières gouttes. Un bouvreuil, ouais, peut-être bien. Roulades et trilles flûtées. Un martin-pêcheur ? Pas fastoche avec le bruit du moteur et ces picotements dans les yeux. Il renversa la tête en arrière et s'endormit bouche bée. La détenue 207 n'avait toujours pas esquissé un mouvement.

L'obscurité pâlissait quand il revint à lui, vexé d'avoir perdu conscience. Encore une heure de route et déjà ça commençait à zigzaguer, à barbouiller. Il ne put retenir un bâillement et se redressa. Il tressaillit. Assise au fond du réduit, mains sur les genoux, la 207 ne bougeait pas mais ses yeux noyés d'ombre luisaient. Cet enveloppement liquide et lunaire donnait la chair de poule. Je vais refermer, non mais quoi. Des lunettes noires en plus des menottes, c'est ça qu'il leur faudrait, à ces traînées.

Il jurait tout bas. Les poches de la chemise étaient plaquées sur sa peau. Il attrapait la clé avec le tissu. On devenait dingue, dans ce fourgon. Et ce n'est plus des cuicui, maintenant, qu'il entend mais le bruit caressant d'un baiser. Elle est barje ou quoi ? Il regarda la fille. La tignasse qu'elle avait ! Une mèche lui tombait sur le nez, elle soufflait pour la remonter. La tête en avant, elle regardait en douce entre ses tifs et c'était lui qu'elle zyeutait, la momie, comme s'il avait sur le futal une tache qui la défrisait. Incroyable, elle se rinçait l'œil. Un regard de désaxé qui se branloche aux pissotières en matant son voisin. Une pulsation rapide lui monta aux tempes. Aucun doute, il respirait maintenant l'odeur épicée d'une femme. Il eut soudain l'impression de porter un slip de fillette et il desserra les jambes. Ah dis donc, l'engin ! Les collègues n'en reviendraient pas. Se faire allumer par une tueuse au cours d'un transport de justice. Et ça lui flanquait la barre comme s'il bandait pour la première fois de sa vie.

— Calme-toi la momie, dit-il au fond d'un gosier rouillé par l'émotion.

Avant de la boucler il voulait lui signaler qu'il n'était pas entré dans la police pour faire mouiller les criminelles, et qu'il avait une mentalité tout jeunot qu'il était. « Je ferme la caisse. T'auras qu'à faire mumuse avec les bracelets... » Mais il avait si bien entortillé la clé dans la poche à soufflet qu'il ne pouvait plus la récupérer.

Il croisa le regard de la fille et se demanda s'il ne la voyait pas rougir. La salope ! Elle avait une belle bouche appétissante comme une fleur. Il n'arrivait plus à détourner les yeux. Elle se mit à déplier un à un ses longs doigts sur ses jambes nues et leva les mains. Les doigts écartés montraient le chiffre 8 au jeune policier. Entre les poignets la chaîne des menottes brillait, tendue.

— T'as déjà fait huit ans ? Mais j'en ai rien à cirer,

moi. Tu l'as tué ou tu l'as pas tué ? Tu l'as au cul ta perpète ou tu l'as pas ?

La détenue se mordit les lèvres, il vit la blancheur des dents. Il en oubliait de chercher la clé. Il bandait à mort. Jambes écartées il se regardait, regardait la fille, haletant. Il s'imaginait qu'il commençait tout juste à divaguer, rien d'inquiétant, alors qu'il était chaviré par cette odeur de femme et par ce numéro de virilité qui lui donnait envie de se déboutonner et d'attraper la fille aux cheveux.

— Calme-toi j'ai dit.

De nouveau elle leva les mains et montra la chaîne entre ses poignets, faisant tinter le métal.

— T'as pas besoin des mains, bêtifia-t-il dans un souffle court, ne s'adressant à personne. T'as qu'à...

Il voulait maintenant qu'elle baissât les yeux, il voulait la reluquer au travers d'un miroir sans qu'elle le sache et soit tentée d'avoir des souvenirs à la sortie du fourgon.

— Attends voir un peu.

Les mains tremblantes il défit la boucle du ceinturon solidaire de l'étui qui contenait l'arme de service. Il marmonnait et fixait un regard ébloui sur la fille, abasourdi, gêné par les battements de cœur qui l'écrasaient sur le siège. Et tandis qu'il frottait sa paume en sueur sur le flingue, il entendit sauter la pression qui maintenait l'étui fermé. Sa main libre alla chercher l'arme et, la prenant par le canon, il se la fourra sous une aisselle.

— A toi, souffla-t-il le menton sur la poitrine. T'as vingt secondes, c'est plus qu'il n'en faut...

Et la force d'aimer

A six heures et demie, le fourgon cellulaire aborda les contreforts du massif de l'Estaque, à la sortie d'Agueiras. La route sinuait au milieu des pins dont les effluves mouillés flottaient dans la cabine. Les premiers lacets réveillèrent le chef. Il ouvrit son thermos et but un gobelet de café. Des hauteurs où il faisait bleu, où l'azur ne montrait plus que les traînées effrangées des réacteurs d'avions, on voyait moutonner une épaisse nappe de brume à la surface de la mer, si la mer existait toujours. A la descente, on replongeait dans les ténèbres trempées du brouillard et le chauffeur devait rouler au pas, phares allumés, un œil sur la route qui disparaissait à quelques mètres en avant des roues, l'autre sur le parapet quand il ne s'était pas effondré.

— On n'est pas rendus ! soupira le chef.

Il revissa le gobelet sur le thermos.

— Tu t'arrêteras au bas de la côte. Je vais te remplacer le temps que tu boives un jus.

Il se retourna sur le siège, déverrouilla le guichet et il avança la tête dans l'encadrement, les mains en œillères.

— Ça va là-dedans ?

Il n'y eut pas de réponse à l'arrière du fourgon.

II

La gardienne en chef se vit dépasser le bureau de la directrice, continuer jusqu'au bout du couloir, franchir le sas du quartier sud et descendre l'escalier, enfiler un boyau qui de laqué bleu devint gris, entraînée par le bruit même de ses pas sous les tuyaux rouges. Elle se hâtait le long des galeries obscures, ignorant les saluts, remuant de vagues mots entre ses lèvres, se fichant bien qu'ils eussent un sens, c'est ça, c'est ça, eh ben mon neveu ! Ses collègues ne l'aiment pas ? Houla qu'elle s'en fout. Un peu de respect la bleusaille, regardez-vous. Elle oui, elle regarde. Elle répond quand c'est occupé chez la directrice et qu'on ne peut pas laisser carillonner indéfiniment. Le voyant s'allume, elle décroche, elle s'étonne jamais de rien. Elle dit qu'elle va prévenir, elle y va. C'est sérieux, gardienne en chef. Mais là, dis donc ! La préfecture du Var en personne. Et peut-être bien que dans l'émotion elle est allée répondre au préfet comme au dernier des sous-fifres.

Pas dieu possible, une affaire pareille. La gamine

était dehors, sauvée par un accident. Le transport avait foiré. A la flotte, le fourgon. La flicaille en miettes et la séance au tribunal de Toulon virée du calendrier. Et c'était horrible d'entendre son cœur battant lui certifier tout le contraire de ce qu'elle essayait vainement d'éprouver au nom des quarante ans de métier, d'uniforme et de sérieux professionnel jamais entamé, jamais pris en défaut, médaillé plusieurs fois, la poignée de main du ministre et le vin d'honneur. Oui mais quand il bat, le cœur, quand il attaque le sang dans la poitrine et vous poignarde à l'intérieur, quand il arrache le souffle et la bouche avec, ça part en fumée, quarante ans, comme le duvet sur la fleur du pissenlit. Alors fais pas semblant, la vieille, d'avoir l'esprit maison. C'est du bonheur qui t'arrive, du vrai, et ça t'est jamais arrivé. La gamine est dehors, dis donc, elle ramasse les coquelicots dans les prés.

Hochant la tête et marmonnant, elle traversait à l'instinct ces bâtiments où il semblait qu'il n'y eût personne ce matin, sauf elle-même et son ombre jetée régulièrement sous ses pieds par la lumière blanc-jaune des lampes grillagées. La dirlo ? Et comment qu'elle va la prévenir ! Elle va la regarder bien en face. Elle va tout déballer avant qu'elle ait pu faire ses yeux chlorhydriques et pincer des mots humiliants comme si c'était sur la chair qu'elle vous les pinçait, jusqu'au nerf. « Dehors ! La 207 est dehors ! »

Elle en gloussait d'émotion. On aurait juré que la nouvelle interceptée la concernait directement, la rendait à sa jeunesse, effaçait un bon centimètre de peau racornie sous les pieds ou lui faisait subir le choc d'une demande en mariage le jour même de ses vingt-cinq ans. Sa vie s'ouvrait sur un miracle qui pouvait bien la réduire en poussière avec les barreaux et les murs, elle s'en foutait. Houla ! qu'elle s'en foutait, la chance existait.

Elle arrivait au quartier silencieux des longues peines, ses pas faisaient résonner la passerelle de fer. Elle s'arrêta, l'écho cessa. Elle ouvrit la cellule 207 et plongea son regard dans cet espace nu, vide, presque déçue de ne pas y trouver la détenue pour la féliciter. Rien à flairer sinon l'odeur animale de la peau renvoyée par les murs, et rien à voir non plus, un transistor sur la tablette, quelques vêtements bien pliés, la boîte de carton pour les papiers, deux trois babioles comme elles en ont toutes, et, là-bas, l'azur terni dans la vitre, elle aussi condamnée. Elle en a vu, des étoiles et des étoiles de sang dégouliner sur ces foutus carreaux. En attendant, la gamine est passée derrière et ça fait pas deux heures qu'elle a quitté la maison, dis donc, avec son air d'aller à la baignade en fourgon blindé. « Pas dieu possible une affaire pareille », murmura la gardienne en entrant dans la cellule. Elle pressa machinalement la touche noire du radiocassette et la mélodie jamaïcaine monta, entremêlant la voix d'une femme et les harmonies flûtées d'un ocarina. Huit années durant, Mona Zigler avait écouté cette musique, aucune autre, et pour la mater, la punir, la directrice lui confisquait la cassette.

Et cependant qu'elle regardait le jour se lever sur la mer la gardienne sentit la traverser, parfaitement oublié depuis tant d'années, le souvenir de leur première rencontre.

Elle regardait la 207 s'entraîner au gymnase, désert

ce soir-là. Elles ne s'étaient jamais parlé. Elle allait s'approcher quand par l'autre bout de la salle arriva l'âme damnée de la directrice, une surveillante qui n'avait pas un an de centrale. Si jeune, si tordue, prête à sévir. En trois enjambées elle fut aux espaliers et pria la 207 d'arrêter ses singeries. C'est quoi cette agitation !

— Enlève tes chaussures.

La 207 obéit. Elle s'accroupit devant la surveillante impassible, et quand elle se releva, même pieds nus, elle la dépassait d'une bonne tête.

— Veste et pantalon.

La 207 obéit.

— Le maillot.

La 207 fut en slip.

— Soulève tes seins.

Et juste après :

— Baisse le slip. Mieux que ça. Dépêche-toi. Où est la drogue ?

Elle se mit à crier :

— Ça vient le slip ! Ecarte les jambes et tousse...

Sans un regard pour la surveillante la 207 se rhabillait calmement, comme si tel était l'ordre qu'elle avait entendu.

Ensuite, au tribunal de la prison, la directrice avait eu beau jeu de l'épingler pour insoumission. Dix jours d'isolement. C'est alors qu'elles avaient fait connaissance. Elle lui rendait visite au mitard. Non, dormir sur le ciment ne la gênait pas. La chaleur non plus. L'hygiène, bof... Et ça l'intriguait, cette résignation aux brimades. Elle pensait : trop douce, elle va flancher, elle cache ses nerfs. Elle imagine quoi ? C'est pas dur ici. C'est tout mou. Ce mou va la fondre aussi. L'espoir fondra, le crime fondra, l'ennui, la perpétuité. Longues peines ou perpétuité, c'est kif-kif après vingt piges ! Ça ternit, la taule. L'ombre déteint sur les plus jolies filles. Et durant huit ans la même douceur et le même orgueil qui faisaient enrager la dirlo.

Hier soir, en entrant dans la cellule, elle a bien compris qu'elle n'allait pas fort. Elle était debout au carreau, tournée vers la nuit. On voyait les plis noirs de la mer, on voyait les torchères du port pétrolier sur la colline.

— Vous regardez quoi ?

— Le paysage.

Au sud il y avait Port-de-Bouc où vivait sa fille Eveline. Elle avait un an quand la mère avait un an de prison. Elle avait huit ans quand la mère en avait huit ici.

— C'est quoi cette histoire de transfert, demain matin ?

— Ça fait des mois qu'on en parle, madame Zigler.

— J'ai pas compris.

Pas son genre d'élever la voix ni de se tordre les mains.

— C'est pas un transfert, c'est un transport.

— C'est quoi la différence ?

— Un transport, c'est quand on revient à la prison d'où l'on sort.

— Et pourquoi on me transporte ?

Va répondre à ça ! Déjà qu'elle était classée foutue...

— Il vous l'a pas dit l'avocat ?

— J'ai pas voulu le voir.

— Qu'est-ce que j'y peux.

— J'ai confiance qu'en vous.

Et puis quoi encore ! Elles tuent le monde et faudrait les consoler.

La 207 se retourna. Sa bouche tremblait. Dans une seconde elle allait s'effondrer.

— C'est pour casser le verdict, et alors ? Ils ne pouvaient pas la faire avant, leur révision ? Ils vont m'enlever deux ans ? un an ? Le moins possible. Ils ont bien trop peur que je me rétracte pour l'adoption. Que je ne veuille plus leur donner ma fille.

Un crève-cœur de la voir vaciller, happer l'air comme un poisson qui s'étouffe hors de l'eau. D'habitude elle ne montrait pas son chagrin.

Elle avait dit :

— Je voudrais la voir !

— Voir qui ?

— Ma fille ! Elle est où ?

Ça, fallait l'entendre ! Sa fille ? Quelle fille ? Elle n'a plus d'enfant. Adoptée, la môme. Une histoire de fous cette adoption. La 207 disait d'accord, c'est mieux : à la dernière seconde elle se méfiait, ne voulait plus signer. Elle envoyait promener l'assistante sociale. Elle attendait une loi toujours différée. Tintin ! Après sept ans, d'elle-même, elle faisait cette lettre à l'administration pour autoriser une adoption plénière, le grand jeu. Ensuite, il n'avait plus été question d'Eveline. Certains jours, d'ailleurs, elle n'avait jamais eu d'enfant, pas plus qu'elle n'avait tué le père de sa fille. Certains jours, c'est la vie tout entière qu'elle aurait dû passer en prison, dès la naissance. Et là-dessus, le chambard d'une révision. Et là-dessus le fourgon se rétame.

La gardienne revint sur ses pas en hâte, toujours aveugle et marmonnante, croisant des collègues qui ne l'avaient jamais vue si rouge et si pressée. Pas le moment de causer. On ne tiendrait plus la maison quand les filles sauraient. On ne dirait rien mais elles sauraient. La journée qui l'attendait ! Les flics n'allaient pas tarder à débouler. Avec sa douce autorité la 207 les avait bien embobinées, à commencer par la dirlo qui s'imaginait peut-être qu'elle voulait diriger la taule à sa place. Et tout en marchant elle se représentait l'accident, les civières, la pagaille des flics et des secours, les échelles de corde et les gyrophares. Et son cœur ne lui disait pas que la 207 aurait pu mourir, elle aussi, s'aligner sur le sort des trois policiers disloqués. Il lui disait qu'il devait forcément exister un bon dieu pour les filles comme ça, quand elles ont bien fait, quand à leur place on aurait agi pareil ou pire, et tué jusqu'à plus soif. Il lui disait que la 207 ne l'avait pas volé, après huit ans, son bon dieu qui n'existait pas. Elle s'était sauvée, dis donc, et sans même l'avoir cherché. Elle ramassait les coquelicots sur la voie ferrée. Pour les offrir à qui, je te le donne en mille !

— Et Mona ?

— Dans la nature...

— ... la nature, souligna la directrice, ignorant la mort des policiers. Elle haussa les sourcils par deux fois. Elle nous fait une fugue à présent.

— C'est pas exprès. Peut-être aussi qu'elle est...

Sans la regarder la directrice agita la main devant

son nez pour signifier qu'elle ne voulait pas entendre un mot de plus, et sur son cou l'ambre miroita.

— Madame Tropini, s'il vous plaît ! Je sais très bien ce que vous pensez.

— Ça m'étonnerait ! dit la gardienne, ulcérée.

Sa lèvre supérieure recouvrit un instant sa lèvre inférieure, puis ce fut l'inverse. Elle a des clés à tourner dans un sens, à tourner dans l'autre. Rien de plus. Elle a l'œil et même les deux. Rien de plus.

— Vous pensez qu'elle a de la chance et vous avez tort. C'est une tuile pour elle et pour tout le monde.

— Y a pas grand-chose à aggraver.

— C'est ce qu'on verra.

— C'est pas pénalisé, l'évasion.

La directrice posa sur la gardienne un regard pointu, catégorique, une veine bleue battait sur sa tempe.

— Etre aussi naïve à bientôt soixante ans.

Naïve ? Ah ça non. Elle connaît les filles. Quand elles ont volé, c'est des voleuses. Quand elles ont tué, c'est pas si simple. La 207 elle concorde pas avec son dossier, elle y peut rien.

— Elle va revenir.

— C'est le genre ! fit la directrice avec un coup d'œil vers son téléphone. D'ailleurs elle serait déjà là. Vous imaginez les flics, le comité d'accueil !

— C'est jamais qu'un accident, répéta la gardienne, gênée par l'inscrutable regard de sa chef. Enchaînée comme elle l'était ! D'ailleurs la 207 elle est pas dangereuse.

— Celle-là, vous me la copierez. Vous lui confieriez vos gosses, peut-être ?

— J'en ai pas.

— Façon de parler... Vous croyez qu'on se prend vingt ans en bricolant des mouches ? Ça vous émeut, vous, les mères en prison. Elles vous mènent par le bout du nez. Une gardienne en chef ! La chair coupable met au monde une chair innocente et ça vous suffit pour les estimer quittes envers la loi.

La directrice attrapa son téléphone : « Ce dossier, il arrive ? » Elle raccrocha brutalement et joignit les mains sur son bureau. Ses phalanges blanchirent. Elle aimait retenir sa colère et bien montrer qu'elle était sur le point d'éclater. « Elle était chez nous par erreur », dit-elle en retrouvant sa première idée, ne parlant à personne, une lueur de feu follet dans les yeux.

— Qui est au courant ?

— Vous, et puis moi.

— Et puis tout le monde.

Le pli d'un sourire indéfinissable apparut aux lèvres de la directrice.

— Et la cellule ?

— Y a rien à voir.

— Allons-y quand même, et dans un geste automatique elle ferma ses tiroirs à clé.

De nouveau l'odeur d'encaustique le long des couloirs, de nouveau l'escalier, les cordes anti-suicide en travers de la cage, pareilles aux rayons lumineux dans les blocs de glace, le sas de béton laqué bleu, les canalisations d'incendie, les galeries sans lumière, les portes de bois à touche-touche, de nouveau le suintement des parois, le relent d'évier bouché, le tintamarre des roulantes. Autre sas. Après les portes de bois les portes de métal, le quartier des longues peines, et l'ambiance feutrée d'un columbarium. La salle des coffres, disait la gardienne. Ici, moins on a de valeur mieux on est gardé. Elle marchait sur les talons de la directrice, à une distance qu'elle avait passé toute une vie à rendre aussi précise que l'écartement d'une voie ferrée.

— Elle était habillée comment ?

— Jupe noire à mi-jambes, tee-shirt rose.

— La coiffure ?

— Un chignon.

— Chaussures ?

Pieds nus ! faillit aboyer la gardienne. La 207 vivait pieds nus. Elle avait l'air de sortir de la plage ou d'y aller, pas d'être en taule. Et quand on entrait la voir, c'était comme une effraction. On en était gêné. Elle pouvait compter les fois où la 207, en huit ans, l'avait mal reçue. Les doigts d'une seule main.

— Des sandales.

— Sans la boucle ?

— Mais oui !

Elle connaît son boulot, nom d'un chien. Elle mangeait pas du verre pilé, la 207, elle avalait pas sa fourchette à la cantine, elle fabriquait pas de la gnole avec les cafards. Elle allait à la gym, elle voulait pas mourir, que non ! Elle avait mieux à faire. Elle espérait sortir du trou. Une fille aux arrêts qui lui répétait qu'elle avait la clé : la clé !... Et qui l'avait, dis donc, la preuve !

La directrice se fit ouvrir la porte de la cellule et resta sur le seuil comme à l'entrée d'un lieu contaminé.

— Vous n'avez touché à rien ?

— A rien.

Entre les murs régnait l'ordre tatillon d'un explorateur immobilisé dans son bivouac. Aucune photo, aucun objet qui symbolisât les temps heureux d'une vie perdue. Un survêtement rouge était couché sur le lit. A sa vue la directrice eut un ricanement.

— Quel âge a sa fille ?

— Huit ans.

— C'en est où l'adoption ?

— J'en sais rien.

— De toute manière elle s'en fiche.

La directrice arrêta son regard sur une paire de baskets d'un rouge presque violet, entre la table et la cuvette des vécés.

— Vous me débarrasserez tout ça. Huit ans, fit-elle à voix basse. Evidemment... Elle ne reviendra pas d'elle-même. On va lui donner un coup de pouce. Y a pas de raison. Pas dangereuse !

III

La roche est tapissée de minuscules coquillages brillants et pointus. Elle a cru ne jamais réussir à grimper. Ses forces lui reviennent, elle reprend son souffle. Elle a mis ses vêtements à sécher à côté d'elle et la lumière du jour enveloppe sa peau. C'est le premier matin du monde, elle est le premier humain. Elle plonge un pied dans la mer et voit rosir des effilochures de sang. Des poissons montent à la surface de l'eau, des oblades. Elle s'est coupée ?... Son cœur bat loin d'elle, entre ses mains qui tremblent encore. Elle a dans l'oreille une impression de tapage évanoui. Il est arrivé quelque chose, mais quand ? Elle entend des voix. C'est ainsi depuis qu'elle est toute petite. Je soussignée Mona Zigler... Un mot de plus, elle se mettrait à hurler. C'est fini, grenouille. Et soudain, l'envie démesurée du bonheur disparu lui donne des frissons. Elle ne bouge plus, elle respire à pleins poumons cette odeur mêlée de vendange et d'herbes sucrées que des mains sages étalaient sur du pain, jadis, après les rêves de la nuit. Elle reconnaît ces miroitements lointains où sa vue tant de fois s'est déjà perdue quand ils émergeaient des profondeurs, elle et Tom, et relevaient leur masque de plongée pour s'embrasser, se buvaient l'un l'autre et se donnaient la mer à boire. Le sud, Mona, là-bas. Je ne vois pas. Mais si, là. Je ne vois pas, tu me fais couler. Et ils dérivaient enlacés jusqu'au soir. Il avait beau jurer qu'il ne l'aimait pas ils s'aimaient. De temps en temps une mouche vient sur elle. Le ciel tire un trait noir à l'horizon. Comme il est rond, comme il est doux. On dirait son ventre à la naissance d'Eveline. Elle dormait dessus, petite bête en forme de triangle, elle bavait en dormant, prête à nager sur le dos comme les animaux des mares, à pondre des œufs. Elle tenait dans ses paumes réunies, s'abreuvait. On entendait la succion monotone et la sueur perlait autour du nez rosi par l'effort. L'instant d'après les images s'assombrirent. Alors Mona fit se toucher ses mains et les referma comme un livre.

— Il faut que j'y aille.

Elle se pencha, but une gorgée de mer et se souvint d'avoir bu la même, il n'y a pas si longtemps. Son visage touchait presque l'eau. Je n'irai plus là-bas. J'ai déjà tout oublié.

S'étant rhabillée, elle gravit le sentier de chèvre qui serpentait au flanc de la falaise et, parvenue là-haut, n'aperçut aucune voiture de police, aucune maison. A l'infini s'étalait une végétation serrée qui moutonnait sur des pentes vallonnées, avec des taches mauves et des buvards de brume épars. Une chaleur de plein été. Un matin comme elle en a vécu des milliers.

Le chemin file à travers la pierre blanche. Après quelques pas ses jambes ne la portent plus. Elle s'abat au milieu des herbes, à la cassure d'un pan sablonneux, face à la mer. Elle est familière des sensations qui l'étreignent. Elle est en lieu sûr, blottie dans un ventre où les chasseurs ne la trouveront pas. Elle ne bougera plus d'ici. Le même instant la porte et la devance depuis des années. Depuis le soir où Tom disparut dans la mer. Elle nageait : elle ne savait pas qu'elle nageait. Elle sauvait sa vie : elle ne savait pas qu'elle vivait. Elle ne savait pas qu'elle avait tué, elle n'entendait pas les cris, elle regagnait la rive. Elle ne savait pas, évanouie près du feu qui brûlait toujours, affalée sur ce carré de terre secrète où ils se cachaient, s'aimaient devant l'horizon, qu'elle se réveillerait seule. A l'aube, elle a vu tourbillonner des volées d'oiseaux blancs sur la falaise. Ils décrivaient des cercles monotones, indéfiniment, tous les goélands du monde attirés par l'odeur du sang dans la mer où chahutaient les oblades. Et si fort qu'elle ait crié son cri n'était pas un poignard, son cri ne fendait pas les veines. On l'a mise en prison.

— J'y vais, dit-elle en fermant les yeux.

C'est de nouveau la bulle rouge avant la naissance à l'époque où l'on ne voit pas, où l'on ne sait pas, où l'on n'a pas honte, où le sang n'use pas les instants qu'il entraîne, où l'on ne désire pas la nuit le poids d'un corps sur le sien, où l'on ne déteste personne, où l'on n'a pas envie d'aimer ni d'être moins seul, où l'on n'a pas faim, pas froid, où la vie n'est pas le prix de ces riens qui vous clouent, vous achèvent, où l'on a seulement des images troubles et caverneuses à la lumière d'un feu sans flamme, où l'on est exténué, rassasié, ni vivant ni mort, il n'y a ni regret ni douleur à la fin.

Enceinte, elle est la force du monde, elle sauve la vie. Elle accouche en prison, menottes aux poignets. Elle voit naître un enfant qu'elle n'a pas revu depuis, têtard fripé, transi, dans la bulle et dans les glaires, un point foncé pour l'œil. Il dormait à plat sur son ventre bombé comme un horizon.

Mona se réveille effarée par l'immensité. Elle vient d'entendre des cris et le sifflement métallique du guichet à l'avant du fourgon. Où sont les menottes ? En contrebas, la mer est noire à l'aplomb des roches. Elle n'allait tout de même pas rester au fond de l'eau ? Ce n'est pas un crime de nager. Son regard parcourt l'étendue. Elle aussi n'est qu'un point solitaire au milieu d'un zéro vertigineux. Cet horizon n'est plus pour elle. Une corde autour de son cou. Inutile de tendre les mains jusqu'à la maison parmi les lauriers-roses de l'allée Victor-Hugo, d'appeler sa fille à l'aide où qu'elle soit, d'appeler Tom. C'est une impossible liberté qu'elle a sous les pieds, sous les yeux, c'est un mensonge qu'elle respire à fond dans ce paysage d'un calme écœurant.

— J'y vais, dit-elle en se tournant vers les collines, et la peur lui tord le ventre.

A la police, ils ne la croiront jamais. Il est tombé tout seul, le fourgon ? Elle est sortie comment ? Où sont les menottes ? Ils vont la soupçonner d'une influence magique sur le métal. Ils tueront la sorcière. Ils diront qu'elle s'est débattue. Affaire classée. T'en fais pas, grenouille, ils ne m'ont pas encore eue. Ça peut durer mille ans ils ne m'auront pas. Tu vois, j'arrive.

Elle se lève. On ne l'attend nulle part. Le chemin s'allonge entre les chignons d'herbes sauvages et monte au loin vers ce petit soleil de coffre à jouets. La lumière est trouble au-dessus des collines embuées de chaleur. Une angoisse enfantine la tire en avant. Elle rythme son pas sur les mots qui la tiennent en vie depuis huit ans, depuis vingt-huit ans, le sud Mona, là-bas. Il doit bien y avoir une route au bout, des gendarmes à sa recherche, elle est prête à leur expliquer. Il est arrivé quelque chose, elle ne sait plus quoi. Dès qu'elle y pense elle oublie. Il n'y a qu'à demander aux policiers qui l'accompagnaient. Sa montre est pleine d'eau. Et tout en avançant elle la jette. Elle n'a plus à s'occuper de rien. Elle verra bien jusqu'où elle ira comme ça. Elle ressent la tiédeur du sol à travers le cuir usé des sandales qu'elle enlève et garde à la main. C'est si bon la terre nue sous les pieds. Plus vite elle trouvera une gendarmerie, plus vite elle sera rendue. Des fourgons, dans la police, ils en ont plus d'un, et la séance ne peut pas avoir lieu sans qu'elle y soit. Elle a des choses à lui dire, au juge, et pas vraiment celles qu'il attend. Pas besoin d'avocat pour se défendre. Elle est la mère, ils n'y peuvent rien. Ils ne sont pas très sûrs d'eux, aujourd'hui. C'est pour ça qu'ils l'ont prévenue si tard. Ils avaient peur que les filles soulèvent la prison à bout de bras pour la balancer dans la Méditerranée.

Les sandales à la main, Mona s'éloigne ainsi dans la campagne vide en boitillant. Adoptée par des gens bien, travailleurs. T'en as de la chance, grenouille.

IV

Emmanuel Ax regardait la péniche *Eurus* arriver du bassin des Récollets, dédoublée dans l'eau dormante. Le reflet semblait parti pour escalader la berge au virage et faucher tous les arbres et flâneurs du quai. L'*Eurus* tourna vers l'écluse, et sur la vitre d'habitacle une flèche de lumière s'écrasa. L'homme de barre disparut, carbonisé dans son ombre. Quand il reparut, l'hélice battait en arrière et l'*Eurus* n'avançait plus, stoppée sous le nez d'Emmanuel. Avec le bras plus long, il aurait pu toucher les rivets qui pinçaient l'étrave et dire s'il y avait lieu de les piquer ou de les changer, dire l'âge du capitaine et celui de la femme en bikini sur le roof. Et guili guili chatouiller la femme en bikini. Une ancre à deux pattes luisait sous l'écubier, vert olive. Elle ne devait pas servir souvent.

L'*Eurus* ne bougeant plus, Emmanuel s'assit entre deux pêcheurs sur le banc de métal épinard qui courait d'une écluse à l'autre. Et il attendit. Cette manie qu'on a de longer les pièces d'eau, les lacs, les océans, d'ouvrir son pliant dès qu'un peu de flotte s'est logée dans un trou.

Rien à voir au bord du canal Saint-Martin. C'est un sas fluvial entre Paris et Paris. Le niveau s'élève, redescend. L'odeur de moisi varie suivant la hauteur d'eau. Par tempête, un fumet de cap Horn se hasarde entre les marronniers et sous les ferronneries en arceau des passerelles. Le badaud rêvasse éperdument devant des engins tout juste flottants, *Alliance, Esméralda, Gavroche, Arletty,* moins des bateaux que des vérandas aplaties. Le canal embellit par temps froid, la nuit. Finie la tristesse aquatique. Il attrape le reflet des maisons, les étoiles. C'est un planétarium. Il suffit de baisser les yeux pour monter au ciel.

Emmanuel venait là tous les soirs après la bière au bistrot du Vizir, où la patronne avait l'œil de braise et ne mouftait pas. Le verre à plusieurs, la sympathie, risqué. Il évitait les dépensiers et les m'as-tu-vu, ceux qu'on finit toujours par retrouver sur son palier, l'excuse à la bouche, la main tendue, la paupière gonflée. Aux bars il préférait les environs des bars, aux copains leurs petites amies. Il ne donnait que rarement son adresse et sa confiance jamais. A moins d'une lettre-accord et d'un chèque.

Fils unique, il dirigeait Canal-Assurances, une compagnie fondée par son grand-père, sinistrée par son père, et remise à flot par lui, le mauvais canard de la lignée. Délaissant la batellerie, le fret, les métiers moribonds des eaux douces, il faisait prospérer un nouveau secteur d'intérêt : l'assistance à vieillards au long cours. Le réconfort moral sur fond d'exotisme et d'arrière-saison. Prestations téléphoniques exclusivement. Personnel jeune, bien roulé – docile – clientèle âgée, friquée. Ils sont retraités, pimpants, ils vont casser la tirelire au bout du monde et là, spleen et désolation. Ils se demandent où est passée leur vie. S'ils ne l'ont pas oubliée dans un tiroir en partant. Si leurs enfants se réconcilieront jamais. Si leur chien jeûne en leur absence, si l'on peut faire l'amour sans risque après cent ans. Voix fraîches, réponses préparées, les hôtesses câlinaient jour et nuit des ancêtres largués dans leurs lointains palaces, le moral à zéro malgré les beaux décors imprégnés d'éternité dont ils s'enveloppent avant la fin des temps.

L'*Eurus* avançait. Dans une lumière prismatique d'orage, son reflet mordit l'ombre des marronniers sur l'eau. Emmanuel vit alors disparaître à l'avant du chaland, comme un éventail se replie, les jambes nues d'une grande fille à jupe noire. Puis ce furent cinquante mètres d'acier bleu roi, cabossé, rouillé, croûteux, avec sur le pont les allées et venues d'un chien qui n'arrêtait pas d'aboyer. La moitié de la péniche était engagée dans l'écluse quand l'arrière se présenta, pavillon tricolore, gouvernail enchaîné, bouillons jaunâtres au-dessus de l'hélice. Classique, se dit Emmanuel. Le timonier met les gaz par à-coups pour augmenter la pression des filets d'eau sur le safran, la proue réagit aussitôt. Sans propulseur d'étrave il n'a pas le choix. Il avait un bagou d'expert. En tant qu'assureur il potassait des revues, des rapports d'enquête, et les voyagistes le sollicitaient pour des croisières.

L'air vibrait. Puissant, le moteur de la péniche. Une

bécane allemande. Au moins six cents chevaux. L'air vibrait et criait. Ça geignait dans les silent-blocs. Les patins sont cuits. Quand l'axe est bouffé, c'est la rupture et glouglou. Ils ont dû maquer du matériel français et du matériel teuton. Pour fausser l'arbre d'hélice, on ne fait pas mieux. Le moteur se désaligne et le tube étambot prend l'eau. Naufrage garanti. Au huitième coup de sifflet tout le monde sur le pont, brassières capelées, l'officier vous attribuera un canot. Ça va sur la Seine au milieu des platanes, les pigeons à portée de main, mais sous les latitudes polaires, bonjour les pingouins, bonjour les glaçons.

Le chaland glissa vers l'écluse. L'éventail ne se rouvrit pas sur le quai d'en face. Effacées les guibolles nues. Voyant le bateau s'amarrer, il voulut aller signaler au patron qu'il était en train de bousiller son moteur et, plus grave, de transformer sa péniche en sous-marin. Déjà la sonnerie du pont tournant carillonnait, les passages à niveau descendaient, les feux d'approche étalaient deux traînées rouges à la surface d'une eau qui s'irisait au crépuscule. Il entendit virer les portes d'écluse. Pauvres mariniers. Il guetterait le fait divers. Et dire qu'il aurait suffi de changer les patins des silent-blocs, quatre semelles de caoutchouc ! La péniche disparut et ne resta plus posée sur le canal, de nouveau lisse et miroitant, que l'ombre balancée des tilleuls et les taches de soleil. Des particules chaudes voletaient, moucherons sans estomac, sans yeux, vitalités d'un instant suscitées par l'orage. Des cercles ridaient l'eau, le reflet des maisons semblait tituber sur une étoffe lamée. Puis il y eut deux jambes nues échappant à la pesanteur, apparemment reliées à rien, deux lignes brisées qui remontaient d'une ville sous-marine où l'on voyait les gens marcher la tête en bas et palpiter la croix verte d'une pharmacie. Tournant la tête, Emmanuel découvrit une grande fille à côté de lui. Tout à fait le genre de personne à s'inquiéter du poids de la monnaie dans vos poches. Une jetée quelconque avec un besoin pressant d'argent frais. Elle avait une sacrée paire de lolos sous le tee-shirt. Il se demanda sur quelle seringue ou quelle dose infâme étaient refermés ses poings.

— Ça va ?

Elle se rapprocha. Drôle de pin-up. Les panards écorchés, la jupe en chiffon, la crasse autour du cou. Il vit ses seins pointer à travers le coton comme si deux fleurs s'ouvraient. Elle regardait bouche bée par-dessus son épaule. Trois flics passèrent à les frôler, matraque ballant sur la cuisse, menottes à la ceinture, en flâneurs.

— C'est le foyer que vous cherchez ? C'est derrière, juste en face de l'hôpital Saint-Louis.

Le coup d'œil qu'elle lui jeta ne voulait rien dire ou tant de choses qu'il ne vit pas lesquelles.

— Vous n'avez besoin de rien ?

L'expression d'un désarroi enfantin glissa dans le regard de la fille. Jamais vu des yeux pareils. Des cernes si violets qu'ils semblaient peints. Elle tombait de sommeil, aussi sûr qu'il fallait changer les patins des silentblocs. Elle n'osait pas s'allonger sur le pavé ni choir à l'eau. Elle baissa la tête et murmura des mots pâteux qu'il n'entendit pas et la pria de répéter.

— Je suis fatiguée, dit-elle d'une voix butée.

— Pas qu'un peu, dit-il en souriant. Remarquez, si c'est pour un soir...

Et, mécontent d'avoir joué les samaritains, il s'éloigna vers le pont des Récollets. Vingt mètres plus loin il se retourna. Elle le suivait. Il avançait, elle avançait. Il ralentissait, elle ralentissait. La docilité d'une ombre. Il aurait aussi bien pu l'emmener sur son dos. Elle se serait endormie dans la seconde, le pouce au bec, en ronflotant. Il regarda l'heure. Et son dîner au restaurant Da Mimo ? Et la belle Abaritas qui devait déjà poireauter sur la banquette en velours ? Et ses quarante ans aux chandelles ? Il était en retard, mais un peu plus un peu moins. C'est un devoir moral, ici-bas, aider son prochain quand il a d'aussi beaux yeux.

Passage Boutéron, à cent mètres, il y avait l'appartement de feu les schnocks, ses parents. Il venait s'y recueillir de temps en temps. Il amenait des filles. L'immeuble était crasseux, l'ascenseur en panne à longueur d'année, si petit que deux personnes ne pouvaient l'emprunter sans devenir amants. Au premier étage, l'appartement gisait dans une poussière vieille de bientôt cinq ans. Canapé de cuir sombre, chewing-gums solidifiés sur les armoires, avec les empreintes de ses premières dents, bigorneau géant où il avait écouté la mer à s'en déchirer les tympans, serpent décapité, rapiécé de lainage gris. Là-haut s'éternisait une enfance mal-aimée qu'il rechignait à bazarder avec la maison. A deux pas de chez lui, c'était la garçonnière idéale.

La fille suivait toujours quand il parvint à l'escalier du passage Boutéron. Elle avait dû s'en taper, des kilomètres et des routiers. Cette fois il n'en doutait plus, il faisait une rencontre. En haut, des gamines jouaient à l'élastique sur les pavés. Leurs voix aiguës flottaient comme des hirondelles. Emmanuel entra au numéro 5 et monta au premier. Il entendit les pas de la fille. Elle hésitait encore. Il ralluma la minuterie.

— Un petit effort, cria-t-il par-dessus la rampe.

Elle n'alla pas jusqu'au palier. Elle resta debout sur la dernière marche, à bout de souffle.

— Je passe devant.

Il se rendit au fond du corridor.

— On y est, dit-il en sortant la clé. Rassurez-vous j'habite ailleurs.

Quand elle fut au milieu de l'entrée, plus grande que lui, statue déposée là par un receleur aux abois, il eut un pressentiment. Il voulut changer d'avis, la ramener dehors, ne l'avoir jamais rencontrée, ne rien savoir d'elle et courir épouser l'Abaritas. Juste après il entendit une respiration longue et sonore, et pour la première fois il inhala son odeur, ce délicieux poison dont il ne pourrait bientôt plus se passer. Elle tanguait d'épuisement, les yeux grands ouverts dans la pénombre, elle se tenait les bras comme s'il faisait froid. Où qu'on la regardât, cette fille, on perdait la boule, on s'en mettait plein la vue, on n'avait pas envie d'en rester là.

— C'était chez mes parents. Installez-vous. Ce n'est pas eux qui vous dérangeront. A priori les animaux sont inoffensifs.

Elle ne réagit pas. Il apercevait dans le salon la peau du jaguar soi-disant tué par son père du temps qu'il fricotait au Congo.

— Je repasserai demain. J'habite le quartier.

— Je ne vais pas rester, on m'attend.

Il tressaillit en l'entendant parler. Il n'avait pas vu remuer ses lèvres.

— On vous attend où ?

— Chez moi.

Ça au moins, c'est de la conversation. Il était vraiment temps qu'elle fasse dodo. Et ensuite elle se tire.

— Et c'est où chez vous ?

— Dans le sud.

Il siffla.

— C'est grand le sud.

— Oh oui c'est grand. Surtout chez moi.

Ça déraillait sec. Il commençait déjà à s'ennuyer. Tant mieux.

— La clé, dit-il en fouillant dans sa poche. Si vous sortez, laissez-la sous le paillasson.

Elle ne bougea pas, ne prit pas la clé.

— Au fait, vous avez sûrement un prénom ?

— Un prénom ?

— Oui. Moi c'est Emmanuel.

— Moi c'est Mona, dit-elle en hésitant comme si rien n'était moins sûr.

— Bonsoir Mona.

La porte refermée, il resta sur le palier. Pas un bruit. La lumière s'éteignit. Au bout d'un quart d'heure il était toujours là, gagné par le sommeil à son tour. Il n'y avait rien à manger dans l'appartement. Impossible de se rappeler s'il avait coupé l'eau, s'il avait débarrassé la baignoire des gravats. Les lits étaient faits, ça oui, depuis pas mal d'années. Elle se débrouillerait. Ça dort n'importe où, ces oiseaux-là. Il revit les pieds ensanglantés, les poils blonds sur les mollets dorés, le nombril à l'air, le regard marron et violet. Il sonna mais elle n'ouvrit pas. Elle devait déjà roupiller à poings fermés, toujours debout dans l'entrée. L'oreille collée à la porte il crut entendre parler au loin. Sûrement un téléviseur.

Il n'était pas arrivé depuis cinq minutes au restaurant Da Mimo qu'il se levait pour téléphoner du comptoir. Occupé chez ses vieux. De stupeur il faillit renverser un bocal d'anchois. Et alors ? Elle avait pu trébucher sur l'appareil en s'endormant. A moins qu'elle n'appelât dans le sud ? Au fin fond du sud ou du nord, là où les notes de téléphone sont encore plus salées que les morues ? Peut-être aussi qu'elle faisait un feu de camp dans l'entrée pour éloigner les bêtes. Et lui, ça ne l'inquiète pas. Lui, grand seigneur de la jolie pauvresse en haillons. Lui, prêteur d'appartement, de conserves périmées, d'eau courante à gogo, de literies mitées, de téléphones reliés à tous les continents. Lui perdant la tête à la pensée d'un couple de nibars en liberté sous un tee-shirt. C'est pas demain qu'il faut la virer, c'est maintenant. Elle s'est reposée, elle a mangé du concentré de tomate et des feuilles de thé, elle peut retourner dans les rues avec les siens. Il revint s'asseoir, décidé à filer dans la minute, à planter là, tant pis, cette Abaritas au demeurant de fort méchante humeur, l'appétit visiblement coupé. Mignon, cette fleur piquée sous la natte. Très colibri, très vieux rhum à la vanille, très paréo tu-me-veux-tu-m'as. Moins mignon, le soufflé calzone intact, tout ramollo dans son assiette.

Et maintenant le repli stratégique.

— Vous m'excuserez, mais je suis attendu chez mes parents pour mon anniversaire. Un oubli criminel, j'en suis conscient.

— Chez vos parents ? Mais ils doivent être atrocement âgés.

— Ils sont morts.

C'est alors qu'il vit apparaître Mona. L'image de Mona. Confrontation brutale avec un téléviseur posé sur le comptoir. Elle était en photo, le visage en partie masqué par une volute de cheveux noirs, les menottes aux mains, entre deux policiers. Le commentaire donnait froid dans le dos. L'image suivante était une paire de ciseaux.

— Alors ça !... fit-il estomaqué.

— Ça quoi ? dit madame Abaritas d'une voix sèche. Et pardon si je vous ai blessé.

Elle n'avait rien vu. Elle finissait d'émietter un gressin dont la chapelure encerclait son assiette. Le tout, pagodé par la pizza racornie, avait l'air de ces petits autels arrangés par les Asiatiques à l'attention des esprits.

— Ça rien ! dit Emmanuel, et c'est moi qui vous dis pardon. Regardez-moi dans les yeux, Hélène. On compte jusqu'à vingt. Non non, tout bas. Chacun lit dans les pensées de l'autre. Voilà, c'est fini, j'ai tout lu. Un dernier coup de fil et je suis à vous. Je préviens.

Il bondit au comptoir et tira le téléphone à lui sur le zinc, sans attendre la permission du caissier. 17. Ici la police. On lui demande ce qu'il veut. « Bonne question ! » répond-il en raccrochant.

Ayant rejoint son invitée, il attrapa sa veste sur le dossier de la chaise et l'enfila.

— La tuile, chère Hélène, annonça-t-il en rudoyant les mots. Je m'en doutais. Vous devez me trouver bien agité, je sais, il y a de quoi. Et maintenant si vous n'avez plus faim rentrez en taxi et prenez la note. On se parle demain.

Il ne mit pas cinq minutes pour se rendre en voiture à l'angle du passage Boutéron. Pigeonné par une surineuse, une fille trouvée. Pas besoin des flics pour jeter ça dehors. Il gara sa DS n'importe où devant la gare de l'Est et courut jusqu'au numéro 5. Il te la flanquerait à la rue ! Il y avait de la lumière au premier. Une ombre allait et venait. Elle ne s'était pas sauvée. L'incruste, avec ça. Il monta l'escalier quatre à quatre, furieux d'avoir laissé le double des clés chez lui. Obligé de sonner ou d'enfoncer la porte. Il dut crier « c'est moi » et taper du poing sur le battant pour qu'elle ouvrît. Il vit dans l'embrasure une fille pieds nus trembler comme une feuille, incapable de dire un mot.

— Je vous ai réveillée ?

— Non.

— La ligne était occupée. Je suis passé voir.

Pas de réponse. Un mutisme de garnement terrifié sur qui vont pleuvoir les coups. Il est conscient de respirer fort. Il a des excuses. Elle est si bizarre et si naturelle en face de lui. C'est bien elle qu'il vient de voir à la télé.

— Vous arrivez d'où ?

— Du sud.

— Vous êtes venue comment ?

— En stop, avec un Allemand.

— Et pourquoi vous retournez là-bas ?

— On m'attend.

Elle avait le culot d'avoir peur de lui. Elle n'ouvrait la porte qu'à moitié. Elle le laissait dehors comme un démarcheur suspect.

— C'est l'Allemand qui vous attend ?

— Ma fille.

Il se demanda si elle se fichait de lui, s'il avait à ce point la bobine du crétin. Elle serrait les lèvres, elle se raidissait pour ne pas trembler. Elle s'était débarbouillée depuis tout à l'heure et vaguement peignée. Cette chevelure en pluie, c'est à la machette qu'il aurait fallu la démêler.

— Vous ne pouvez pas rester ici, dit-il en baissant furtivement les yeux sur son tee-shirt, et ce chiffon lui fait monter aux lèvres une muette prière : ôte-le.

— Je m'en vais.

— C'est ça.

Il entendit les dents de la fille s'entrechoquer. Et subitement elle se glissa sur le palier, il dut la retenir par le bras.

— Qu'est-ce que vous foutez ?

— Ben, je pars.

— Mais pas maintenant, voyons, dit-il avec brutalité. Vous n'avez même pas de chaussures. Vous partirez quand je vous le dirai.

Retourné dans la rue, il leva les yeux sur la lumière au premier. L'ombre n'apparut pas. Il flaira la nuit par petites aspirations. L'air avait un goût métallique de brouillard. Le girofle, murmura-t-il, c'est le girofle qu'elle sent. La lumière s'éteignit.

V

Dans la nuit Mona rouvrit les yeux. Juste au-dessus d'elle un gyrophare faisait tourner au plafond les mille rayons emballés d'une roue déjantée, décerclée. Folle de peur elle bondit du canapé et se précipita à la fenêtre. Les poubelles. Elle posa son front sur la vitre. Elle écouta quelque part le decrescendo plaintif d'une sirène et le silence revint dans la rue. Son cœur se calmait. Elle était où ? Une maison vide. Elle pouvait s'en aller. Sa main rencontra une poignée. La fenêtre s'ouvrait. Elle s'accouda au balcon. Elle voyait une rue déserte, un espace nu derrière un grillage, des autos garées, l'ombre massive et dentelée d'un pâté de maisons, avec la palpitation d'une lueur bleuâtre au ras des toits. La mer devait être par là. Et le sud un peu plus loin.

Cependant qu'elle regardait les ténèbres, un premier élancement la plia en deux. Elle tomba fauchée par la douleur, un mal à s'éclater les os, un besoin fou d'élargir la tenaille. Les mains sur les tempes, les genoux remontés vers la poitrine, elle gémissait et grelottait sous la fenêtre ouverte. Au fond d'elle-même, elle entendait une voix douce résonner contre les murs de ces pièces rivetées où des hommes et des femmes s'étaient relayés pour la faire parler, avouer, pour la briser en milliers d'échos infimes et peu à peu lui arracher la vie. Et comme en cellule elle appelait Tom, elle appelait sa fille, elle se raccrochait à leurs noms, les suppliait de l'aider encore une fois, elle les aimait tant. Elle allait partir d'ici, revenir, juré grenouille... Elle sursautait, prêtait l'oreille à des bruits qui n'existaient pas. Mauviette ! Avec Tom elle n'avait peur de rien. Elle se baignait même en hiver, elle piquait dans les vagues par mauvais temps, quand les bateaux ne sortaient plus, quand c'était blanc d'écume à l'horizon quand l'orage tonnait. Ils allaient la nuit virer les bouées du chenal, elle s'endormait en nageant. Le sud, Mona, là-bas... Et comme en cellule elle finit par s'assoupir en se laissant glisser dans une âme d'enfant qu'on viendra chercher, dont les mots sont innocents et le rêve impossible à tromper.

Le lendemain matin, se rendant aux Assurances, Emmanuel fit un crochet par l'appartement des schnocks. Non seulement il s'attendait qu'elle eût filé, mais il était prêt à découvrir une maison pillée. Il ne prit pas la peine de sonner. Il avait la clé. Elle était toujours là, le nez au carreau. Elle n'avait pas bougé. Elle se tenait crispée, ramassée, les bras le long du corps. Elle lui avait paru si grande, la veille.

— Vous regardez quoi ?

— Le paysage.

Elle répondait à la question, pas à lui.

— Si la mer monte, prévenez-moi, dit-il du tac au tac. On ne sait jamais. C'est mon dada, l'océan. C'est marrant, je ne pensais pas vous trouver là.

Il plongea les mains dans ses poches.

— J'ai ça pour vous, reprit-il en jetant sur la table basse un sachet de boulangerie où pointait une paire de croissants. Et j'ai ça.

Mona pâlit à la vue des ciseaux qu'il lui tendait.

— Je m'en vais, dit-elle en regardant ailleurs.

Il fit claquer les ciseaux.

— Vous avez les cheveux un peu longs pour voyager. On n'est pas dans le sud ici. A Paris, une femme à cheveux longs, on la remarque. On la suit, on l'aborde, on s'en souvient. Bref, on se fait des idées.

— Des idées ?

Il tapota les ciseaux dans sa paume.

— Et parfois on la reconnaît. On est persuadé de l'avoir déjà vue. Avec les cheveux courts on est beaucoup plus tranquille. Moi-même, voyez, je compte aller chez le coiffeur aujourd'hui. Je vous emmènerais bien, mais... enfin bref. On commence par le petit déjeuner ou par les cheveux ?

Elle eut une bouffée de haine. Elle le voit venir. Les ciseaux, c'est pour la piéger. La prendre en photo. Et ensuite au lit. Et ensuite aux flics. Elle meurt de faim. Elle n'ose pas regarder les croissants.

— Si je me tranche la main, c'est pas mieux ?

Il eut l'air d'en douter : « Faudra vous envoyer à l'hôpital. Il y a plein de formalités, de numéros à communiquer, de papiers à signer. D'une seule main, quand on saigne à flots, c'est pas très commode. » Il sourit : « Mais c'est vrai que pour attirer les curieux, c'est radical. Je vous demanderai seulement d'aller faire ça dehors. La femme de ménage est en congé... »

Elle se taisait.

— Alors ?

Elle tombait d'épuisement, ses yeux se fermaient.

— Je suis maladroite.

— Et moi donc... Mais j'étais coiffeur à l'armée. On peut déjà essayer un côté. Et si ça ne va pas on arrête aussitôt. On attend que ça repousse.

Il alla chercher le tabouret de la cuisine et la fit asseoir au milieu du salon, dos tourné à la glace. Il lui mit le sachet de croissants sur les genoux, en guise d'anesthésie locale, et la cambra d'une tape dans les reins. Il rassembla ses cheveux épars, les lui remonta sur la tête, les froissant entre ses doigts. Mona se sentait vaciller.

— Et c'est parti, lança-t-il en donnant son premier coup de ciseaux. C'est normal tous ces moucherons morts ?

Elle entendit derrière elle un bruit d'étoffe qu'on déchire et ne put retenir ses larmes.

— Je m'appelle Emmanuel Ax. Et vous ?

— Mona.

— Je sais. Mona comment ?

— Vinzacchia.

— Ça fait très pizza du jour.

— Ma mère est sicilienne.

— Et les pizzas vous aimez ?

— Tout le monde aime ça.

Les cheveux tombaient frôlant ses bras nus comme des flocons tièdes. Après quelques minutes elle n'entendit plus rien. Elle sentait l'air frais sur sa nuque et le souffle d'une respiration.

— Voilà, signora Vinzacchia. Vous avez l'air d'un joli petit enfant de chœur. Les shampooings, maintenant, c'est du billard. Vous respirez cette odeur de foin coupé ?

Elle restait courbée sur le tabouret, honteuse, les joues en feu, n'osant pas regarder à ses pieds ni se gratter la tête. Les croissants tombèrent de ses genoux.

— Ça fait un peu carnage, tous ces tifs sur le plancher. Faudra m'enlever ça. Au cas où vous auriez des visites.

— Je ne vais pas rester.

— Le sud, je sais. On vous attend. Moi aussi, d'ailleurs, dit-il en regardant sa montre. C'est ça les grands coiffeurs.

Il se massait le gras du pouce en considérant le flot des mèches répandues. Il se baissa pour en ramasser quelques-unes.

— Ils sont beaux ces cheveux. C'est dommage de les jeter. On ferait mieux de les envoyer à des œuvres. Au Noël des p'tits vieux, on se les arracherait, passez-moi l'expression.

Il sourit, content de lui. Elle était encore plus jolie comme ça, encore plus fillette insupportable, avec ses yeux larmoyants ni bleus ni verts et cette figure pâle où luisait la bouche enflée.

— J'ai honte. C'est un crime de couper des cheveux pareils. N'importe qui porterait plainte.

Et subitement, d'un ton froid :

— Pourquoi vous êtes venue à Paris, si vous étiez si bien dans le sud ?

— J'ai pas choisi.

— Il y a une fille très connue qui s'appelle Mona. C'est vous ?

Elle leva les yeux au ciel.

— Ma mère s'appelait Lisa. Et moi elle m'appelait ou Mona ou Lisa. Et pareil à l'école. Mona ou Lisa. Et c'est ainsi que Léonard devint scie. J'ai entendu ça toute ma vie.

Il reboutonna les manches de sa chemise.

— Très joli ! Sauf que moi, j'aimerais bien en entendre un peu plus. C'est pas que je sois curieux, mais quand même. J'ai mon côté midinette.

Il la regarda.

— Eh bien bonne chance si je ne vous revois pas. Au revoir miss Vinzacchia. Au fait, mademoiselle ou madame ?

— Qu'est-ce que ça change ! dit-elle d'une voix défaite.

— Un vieux truc pour emballer. Bye bye.

De la fenêtre, elle le regarda s'éloigner vers le canal. Elle aurait disparu quand il reviendrait. Elle ne voulait plus voir la chevelure massacrée. Il fallait la détruire avant qu'elle n'arrive dans le sac des pièces à conviction. Qui aurait cru !... Derrière une porte, elle trouva une pelle à poussière. Elle ficela ses cheveux dans plusieurs journaux, lança le paquet sur le buffet de la cuisine et revint à la fenêtre. Elle fit un bond en arrière. Il y avait quelqu'un dans la rue. Levant la tête, elle vit des yeux terrifiés dans un miroir, elle vit un crâne de prisonnier. Honteuse, elle ramassa les croissants et partit se recroqueviller sur le canapé. Pleure pas, grenouille, ils repousseront. D'ici là va falloir t'habituer à mes crins. J'ai cette tête qu'ils voulaient tous que j'aie depuis huit ans, les juges, la dirlo. Si Tom voyait ça ! La nourricière, elle te coupe les cheveux ? Elle te dit que c'est moins cher ? Elle te dit que t'as l'air d'un mouton et qu'il n'y a pas plus mignon ? Elle te dit que t'as pas de chance, hein ? Et quand tu lui demandes pourquoi tes copines ont une mère et pas toi, elle sait pas quoi répondre ? Et quand tu lui demandes pourquoi ta mère est en prison, elle te dit de pas te mêler de ça ? Elle se dit vivement qu'elle soit adoptée, celle-là, qu'elle soit casée dans une famille et qu'on n'en parle plus. Et pendant ce temps-là tout va toujours très bien tant mieux. Faut pas vous biler, madame, c'est un bon numéro qu'on a tiré avec elle. S'ils étaient tous comme elle... C'est ça qu'elle m'écrit, chaque année. Si ça n'allait pas je n'aurais plus qu'à devenir folle et encore il faut y arriver. J'ai l'impression de ne plus avoir une petite fille, tu sais, mais une grande fille beaucoup trop grande pour moi, beaucoup trop vieille pour mes souvenirs. Tu n'es pas une géante, tout de même, tu ne vas pas m'écraser, toi aussi. Votre fille est la meilleure en classe, elle sait écrire, elle a saigné pour la première fois aujourd'hui, les garçons lui tournent autour. Votre fille est mariée, votre fille a de beaux enfants, votre fille a de longs cheveux blancs, c'est une si jolie vieille dame. Votre fille n'a pas souffert. Non elle ne vous a pas réclamée. Votre fille est enterrée dans un cimetière de campagne au bord de la mer. Il y a toujours des fleurs sur sa tombe et l'on aperçoit l'horizon. Attends-moi, grenouille. Reste une enfant, s'il te plaît. Là-bas, la nuit, je voyais mes yeux de l'autre côté du carreau. Tu me regardais du dehors avec un tel espoir. Tu crois que moi je vais t'abandonner, t'oublier ? Tu crois que je vais laisser passer toutes ces années jusqu'à ce qu'il y ait des fleurs sur toi ? C'est toi la fleur, c'est toi mon enfant conçu dans la mer un soir que nous allions au sud. Ecoute-moi, maintenant, je vais tout t'expliquer.

VI

A quarante ans Emmanuel Ax avait toujours habité seul et soi-disant par vocation. Chez lui c'était beau, blanc, ça donnait sur le canal Saint-Martin par-dessus les marronniers. Quand il passait la porte, à son retour, peu importait qu'il fût huit heures du soir ou quatre heures du matin. Aucune épouse ivre de rage et ballonnée par ses œuvres, aucune Ophélie gisant les poignets sectionnés, aucun enfant trahi l'adjurant d'aller dessoûler ailleurs. Pas d'empreintes de doigts sur les murs et pas de vaisselle brisée. On pouvait sans danger marcher pieds nus sur la moquette et s'y rouler en bonne compagnie : elle n'avait jamais senti l'urine de bébé, les acariens n'y transhumaient pas. Une famille à la maison, niet. La marmaille embousée dans son youpala, re-niet. Et pourtant n'être plus tout jeune le tarabustait. L'enfance était son péché mignon. En douce, il était le fils aîné des mamans qu'il faisait travailler au bureau, jouir, dont il devinait quand elles l'aimaient pour de vrai. Il ne s'y trompait pas. Elles finissaient toutes par le mépriser. En lui quelque fuyard inavoué primait le forceur de blocus, un gamin voulait s'éterniser. A moins qu'il n'ait pas rencontré la femme de sa vie. La mère idéale.

A tant chercher, il passait pour misogyne. Il tombait amoureux, se relevait, retombait ailleurs. Un personnel trié sur le volet l'aidait chaque fois à repartir du bon pied. Sa préférence allait aux chômeuses longue durée, mariées à des chômeurs : femmes rodées à la chiennerie du sort, minées par la trouille d'aller à ciel ouvert, les moutards en pleurs et les valoches ficelées sur la poussette. Le salaire minimum, en fin d'allocations, c'est la vache à lait. Bienfaiteur et profiteur, Emmanuel était donc les deux. Grâce à lui des enfants mangeaient à leur faim. Grâce à des enfants, il palliait au mieux les rigueurs du célibat.

S'il invitait leurs mères à dîner, c'était bien sûr avec une arrière-pensée galante, mais aussi pour faire un tour dans la famille, en ami clandestin. Une bonne mère, une bonne épouse, un grillon du foyer, rien n'est plus désirable, rien n'est plus ardent. Le dîner fini, il emmenait ses invitées chez ses parents, passage Boutéron. Jamais chez lui. Champagne et douceurs. Par chance elles devaient rentrer tôt. Le devoir les attend au nid. Ayant juré monts et merveilles à l'élue d'un soir ou deux, il se lassait. Qu'elle s'en formalisât, que le travail en pâtît, il la virait.

De quoi se venge un séducteur en négligeant les jolies mamans qu'il a tout fait pour attirer sous sa coupe ? D'être né, d'être seul à quarante ans, incapable de rien partager, méfiant comme toujours les fils uniques. D'avoir aimé des parents qui ne l'aimaient pas vraiment. Un couple d'originaux fourvoyés dans la procréation. Lui, lubrique et puritain, elle, fofolle et se rendant à la messe au cas où. Jamais il n'aurait avoué à ces deux zozos, dût-il subir le fer de la guillotine, qu'il avait une paire de couilles bien à lui, pas seulement une âme, et qu'il puisait son salut quotidien dans la religion des sens. Son enfance était un ronron de sornettes africaines à la gloire d'un père trop âgé pour s'en souvenir, contées par sa mère les nuits d'insomnie, sous les yeux d'animaux empaillés. Tu t'imagines, Emmanuel ? Papa était le garde du corps d'un roi. Il en a maté des insurrections !... Les nègres aimaient beaucoup papa. Des gens très attachants. Les nègres ceci les nègres cela. Ils avaient du pot, les nègres ! Lui, quand il est né, son père n'avait déjà plus rime ni raison. « Et les nègres papa ? » « C'est quoi ça ?... Demande à ta mère. » Elle avait tout pompé, fric, semence et mémoire du fier-à-bras déclinant. Fortiche, à quatre-vingts balais, d'engrosser une midinette de vingt-cinq ou trente, et d'être à la fois le père et l'arrière-grand-père d'un bambin qui, d'un jour à l'autre, se fond dans le paysage lénifiant des gardes-malades et des cuillères à bouillie. Un seul remède à l'enfance, à l'ennui : courir les filles et se pogner sous les draps, aux chiottes, à la fenêtre en regardant les étoiles, hululer à mort, verge en main, la solitude éhontée du fils unique choyé, brimé, non désiré, né d'une péronnelle et d'un vieux queutard époustouflé d'aller en jeune homme à la mairie claironner ce mouflet qui lui sort des lombes, à deux pas du bon Dieu, et lui ressemblera bien assez tôt croyez-moi.

Il ne ressemblait guère à ses parents. Entre l'idéal africain du père et la bigoterie maternelle : entre la défense d'ivoire ciselée et l'hostie dominicale, Emmanuel regardait briller cette pointe imaginaire qu'on appelle *instant*. Elle l'effrayait. La réalité l'effrayait. L'eau qui se fait noyade, la griffure d'acier tétanos, l'amour châtiment, la stupidité immémoriale de l'être humain qui sauve autant qu'il tue. Berce d'oubli les massacres. Angélise les civilisations. Avec le même entrain. Il avait peur des microbes et des dieux quels qu'ils soient. Il ne prenait pas les transports publics, souterrains, où la violence est toujours prête à serrer les poings. Pareil avec les hôpitaux : méfiance, effroi, détour. Il voulait ignorer cette part de lui-même appelée à vieillir, à se coucher sous les aiguilles des perfusions, à n'être plus. Ce qui ne l'empêchait pas d'aller à moto, de vivre à tombeau ouvert, protégé par les voyantes et les horoscopes. Par la vitesse et l'ardeur sexuelle, il trompait sa double et secrète obsession : rajeunir, se supprimer. Une belle vie, bonhomme ! Mais une vie de con, se disait-il parfois après la pesée du matin. Si méprisable qu'elle fût il n'en voulait pas d'autre, il y croyait. Il espérait quelque rédemption dans un lit de volupté, d'où, peut-être, il ressortirait père de famille et bagué pour les siècles. D'où il ne ressortirait plus.

Seul, et sauvage en dépit des apparences, il l'était aussi dans son travail. Une vitre insonorisée séparait son bureau des bureaux paysagers du personnel. Mon aquarium, disait-il fièrement, regardant les filles se déhancher le long du couloir central. De sa table il pouvait tout contrôler, sourire à l'une en écoutant l'autre au téléphone, enregistrer les conversations, lancer des clins d'œil, faire entendre sa voix par haut-parleur. Voulait-il recevoir un client, canoter sur son rameur hydraulique ou regarder la télévision, il tirait un rideau rouge entre l'aquarium et lui. Chaque fois qu'il rouvrait il clignait des yeux, ébloui comme à la vue d'un trésor du fond des mers. Les joyaux scintillaient, les femmes souriaient. Il répondait. Ici Présumée, la Martiniquaise, une douceur d'ébène. Là Marie, l'Eurasienne, elle avait toujours plus ou moins l'air de monter un escalier. Là-bas, sous le portrait du schnock fondateur, Hélène Abaritas la ténébreuse : trois enfants, quatre avec lui.

Et maintenant Mona. La prochaine. Soi-disant elle a une fille, soi-disant elle veut la voir. De quel chat noir s'est-il encombré ?

A Canal-Assurances, branle-bas. La nouvelle, si mal fagotée, si jolie, faisait jaser. Les conseillères en tourisme éloigné ne reconnaissaient pas leur patron. Il ne vient plus habillé qu'en jeans pâlis et blouson de cuir. Il crie dans son haut-parleur, les rabroue : qu'est-ce qu'elles ont à bayer aux corneilles ? A rire ? A cancaner ? En Afrique il était le garde du corps d'un roi, il avait maté des insurrections, et ce n'était pas une poignée de standardistes tirées du ruisseau qui lui riveraient son clou !

Finis les jeux de mots fripons, les œillades, les rendez-vous secrets à la pizzeria du boulevard Magenta, finis les déshabillages acrobatiques à l'arrière de la DS, avec l'époux soupçonneux qui fouille le quartier. On ne roulait plus des mécaniques, dans l'aquarium, on redevenait des employées inquiètes, les coefficients au plus bas d'une hiérarchie sans états d'âme. Hélène Abaritas avait beau solliciter les rendez-vous, varier les séductions, Emmanuel s'en fichait.

C'est Mona qu'il surveille entre les rideaux. Métamorphosée la fugueuse, depuis un mois, à part l'ombre sous les paupières. Pouvait-on la reconnaître ? Il aurait juré que non. Il le jurait. Du bout des lèvres. Elle sourit : belles dents, peau saine, épine dorsale longue et mobile. Elle, une redoutable évadée ? Une grande fille qui rougissait pour un rien. Elle ne se maquillait jamais sauf, en douce, un doigt mouillé sur le sourcil. Déjà le doigt n'irait pas en prison, le sourcil non plus. Le regard ? sûrement pas. Des yeux où piaulait l'injustice. Elle avait une jolie bouche aux coins relevés, un amour de lèvre supérieure en chapeau de gendarme. Elle non plus, la bouche, pas de prison. Et pas de prison pour les mains bien rondes à l'intérieur, comme il les aimait. On les voyait mal découper aux ciseaux les moustaches du chat. Les jambes ? Normal qu'elles s'enfuient. Ce n'est pas un péché, détaler. Surtout pour semer des policiers. Les longues jambes de Mona resteraient en liberté, mon chou. Un jour il les prendrait à son cou. La chevelure ? Il a osé la couper. Elle s'est laissé faire. Il ne lui pardonnera jamais. Le cœur, oui, ce gros abcès dégoûtant, il ira faire un tour en cabane et ressortira quand il aura dégorgé son pus. Mais les sentiments, après tout, qui les éprouve ? Le juge, le prévenu ? Les sentiments d'une mère à qui l'on a pris sa môme ? A qui l'on fait signer une petite bafouille de donation ? Libéré, le cœur, non-lieu.

Sauf que...

Une sirène de police retentit dans la rue. Il vit

Mona éloigner l'écouteur de son oreille et baisser les yeux sans plus bouger. Puis elle reprit la conversation interrompue. Il pensa comme elle : ouf !...

— Mademoiselle Vinzacchia, lança-t-il par haut-parleur, et toutes les hôtesses de lever la tête.

Il ne la regarda pas entrer. Par maladresse il envoya promener un dossier, quel idiot ! Il ne la quitta plus des yeux tandis qu'elle ramassait les feuillets épars. Une fille aux lignes sans défense. Elle n'irait pas repousser la main du sauveur, la main de celui qui tait généreusement l'horrible secret. Mais, par un phénomène étrange, la main du sauveur hésite à se poser sur un dos qui se fait échine et montre de petits os tout ronds à travers le coton. Elle a donc un squelette, cette merveille ? Elle n'est pas que pulpe et rondeurs ? Il faudra bien un jour dénombrer ses adorables abattis, je t'aime un peu, beaucoup, passionnément. Un milliard de bisous par nonosse.

Et tout le temps qu'elle reste baissée, il cherche à voir la couleur de sa culotte. En tout bien, tout honneur, une gaminerie de gentleman. Elle se relève, hélas ! A-t-elle deviné ses pensées fornicatrices ? Elle ne laisse rien paraître. La routine.

— Je m'absente fin novembre. Un voyage en Asie. Je souhaiterais que vous m'accompagniez, mais c'est râpé. J'en suis désolé.

Elle ne réagit pas. Il faut décidément lui mettre les points sur les i.

— Il serait déraisonnable, moi n'étant pas là, que vous continuiez à venir ici. Ça vous laisse deux mois.

— Je n'attendrai pas jusque-là.

— Dommage.

Elle ressortit. Il huma l'odeur de girofle. Il se vit dans une île avec elle. Aucun doute, elle n'est pas très habillée, lui non plus.

Le béguin, c'est peu dire qu'il l'a. Il en est malade, il devient fou. Il regarde avec effroi le temps s'allonger. Il était prévu qu'elle reste un soir, un seul, et plusieurs semaines ont disparu du calendrier. Est-ce elle qui n'a pas voulu partir ? Est-ce lui qui l'a retenue ? De quel enchantement sont-ils la proie ? Le même homme, capable de lui porter des fleurs, pour la voir s'illuminer, lui téléphone la nuit, sachant qu'elle ne peut répondre, pour l'affoler et l'inciter à déguerpir. Le même la vouvoie durement au bureau, la tutoie comme un soupirant à l'extérieur. Le même lui dit : tu es ici chez toi, reprends confiance en toi, je suis ta providence, et le même : pourvu qu'ils n'emmènent pas ta fille dieu sait où, pourvu que tu n'arrives pas trop tard. Avec ces histoires d'adoption, on a toujours de mauvaises surprises. Tu prends le train, tu reviens si tu veux. Pourquoi n'y va-t-on pas ensemble. Ah ! oui, c'est vrai...

Il a beau tirer des plans sur la comète, il n'en trouve aucun d'agréable à ses vœux : se l'envoyer sans être arrêté. Ça coûte combien d'aimer une fille accusée d'avoir piqué son jules à mort avec des ciseaux ? Pas accusée – coupable et condamnée. Sans oublier l'histoire du fourgon. On a repêché les flics, c'est déjà ça. Mais va témoigner avec un mérou dans chaque poumon, va certifier qu'elle n'y est pour rien. Et lui, bon appétit, il est amoureux d'elle, un emmerdement pareil. Il a pour ce déchet les attentions du protecteur comblé, il passe tous les soirs à l'appartement. Il ne sonne pas toujours. Il laisse une friandise, un mot gentil sur le palier. Il s'attendrit quand il aperçoit Mona sur le quai, cernée d'oiseaux blancs qu'elle nourrit. Il fait confiance à l'instinct des bêtes.

La nuit, entre deux sommeils, une idée raisonnable suit son chemin. La rendre aux flics lui-même, en présence d'un avocat. Il ne tient pas qu'un îlotier se hasarde à l'avoir déjà vue, sans doute au journal télévisé, ni qu'elle se ramasse un pruneau dans la rue. L'idée repart. Il veut garder Mona, l'aimer, avaler son souffle pendant qu'elle dort. Il veut l'habiller chaque matin, remonter la fermeture éclair de ses jeans, la suivre dans les rues et se dire en la repérant au milieu des passants qu'elle est à lui, c'est à moi, que le soir même il va pouvoir lui fourrer sa langue entre les fesses et lui prendre les seins comme on enlace un bol de lait chaud, la bercer d'histoires. Il s'attend chaque jour qu'elle soit partie. Il est bien fichu de tout laisser tomber pour lui courir après. Allez Mona, reste encore un mois. Il s'en passe des choses, en un mois.

Un mois, pour Emmanuel, c'est un fatras d'instants dont chacun peut submerger l'univers. Pas un qui ne soit urgent quand une femme lui plaît.

Elle était d'humeur causante, ce soir. Elle était assise en tailleur sur le tapis du salon, les pieds nus, la jupe rabattue entre les jambes. Elle se tenait voûtée comme une Indienne au bord du rond lumineux dessiné par l'abat-jour de la lampe.

Elle n'avait rien à cacher. Mona Zigler. Mona

Vinzacchia. Père lorrain, mère sicilienne. Escarbilles et pizza. Pourquoi pas ? Elle dévidait l'histoire de sa vie comme une fable où les mots germaient sans l'ombre d'une hésitation. Ils avaient dû bien s'amuser les enquêteurs. Paris ? Elle n'y était venue que pour se sauver. Une aubaine, un hasard. Elle était originaire de Port-de-Bouc, au sud, près du Rhône, une ville d'où les bateaux ne partaient plus, où les bateaux n'arrivaient plus, un port aux quais abandonnés. Autrefois sa mère travaillait à l'infirmerie du chantier naval. A sa fermeture, elle avait repris un emploi du côté de Fos. Une compagnie pétrolière avait embauché son père en Guinée, sur une plate-forme au large. Autrement dit ses parents s'étaient séparés. Lui, elle ne l'avait jamais vu en chair et en os. Elle vivait avec sa mère. Pas terrible. Un jour, un jeune type avait sonné chez elles. Elle était déjà grande, elle avait seize ans. Ils avaient une cachette à la sortie du port. Dans le sud on dit un cabanon. Hé oui, comme la taule.

— Il était à mon père. Une maison blanche au milieu des pins, avec un toit rouge et des volets bleus. Les raffineries on s'habitue. Le jour on ne les voit pas, ça sent un peu, c'est tout. On allait s'y baigner Thomas et moi. Je l'appelais Tom, comme un Américain. Il était fier. Il venait souvent chez nous. Ma mère l'appelait pique-assiette. Sans lui j'aurais crevé d'ennui. Il avait connu mon père, en Guinée. Ils étaient plongeurs pour la compagnie. Alors ça m'intéressait. Je voulais savoir pourquoi la plate-forme avait coulé. Il n'aimait pas en parler. Ça lui rappelait des souvenirs. Je ne vois pas lesquels. Le jour où la plate-forme a sauté, il n'y était pas. C'était jamais net avec

Tom. Ma mère n'allait jamais au cabanon. Je n'aurais pas supporté. C'est là-bas que j'ai ramassé les ciseaux. C'était juste une moitié de ciseaux sur un clou, dans l'appentis. La ficelle était pourrie, j'ai refait les nœuds un à un. Après, il y avait un manche. On aurait dit un vrai couteau. Tom, il me l'avait taxé pour la plongée.

— C'était quel genre, Tom ?

— On s'entendait bien, c'est tout.

Et vite elle enchaînait, c'était si joli quand elle parlait. Elle avait du silence autour de la voix. Elle se taisait brusquement au milieu des phrases, sourcils levés. Elle avait l'air de s'attendre à certains bruits dont l'absence la déroutait.

— Et après ?

Elle tourna vers lui des yeux durs.

— Après, tout le monde est au courant.

— Et après ?

— Oh ça va !

Il dut attendre le lendemain pour avoir la suite. Il ne la brusquait jamais. Dès qu'il la voyait chercher ses mots, il devinait qu'elle ne trouvait plus si naturel d'avoir confiance en lui. Il s'en allait. Pourtant c'était bien elle, rassurée, qui semblait impatiente de lui parler à son retour. Elle ne refusait aucune question. Elle s'arrangeait seulement pour éluder quand il évoquait Tom. Elle faisait le vide autour de son nom. L'air de rien. Bizarre que la justice ait voulu sanctionner son orgueil et sa mauvaise volonté. Tout ça pour en arriver à la révision d'un procès qui, le moins qu'on puisse dire, tombait à l'eau.

— Alors ce fourgon ?

— C'était pas des flics.

— C'était quoi ?

— Des fous. Des vrais fous d'asile habillés en flics, trois dingos. Et finalement, le petit jeune, c'était pas le plus furieux ni le plus dingo. T'as compris ?

— Non.

De là à s'expliquer davantage.

— Et t'as vraiment rien fait pour les énerver ?

— Rien. J'ai crié. Je ne pouvais plus m'arrêter.

Elle eut un rire nerveux et regarda le rond de lumière sous l'abat-jour.

— Après j'ai nagé. Je suis incapable de rester sous l'eau sans respirer. Ça y est, t'as compris ?

— Pas plus.

Il faut dire qu'il n'a rien écouté. Elle s'est redressée. Il a vu son dos cambré, tendu, lit d'une chevelure qu'il a coupée lui-même.

— T'as nagé, et ensuite ?

— Une voiture s'est arrêtée. Je suis là. Je suis venue ici.

Ça c'est du résumé !

— Ils ne t'auront pas si tu es prudente. T'as déjà chopé le maximum.

Elle sourit d'une seule joue.

— Le fourgon, tu ne crois pas qu'ils vont m'en faire cadeau !

— T'y es pour rien. J'ai l'impression qu'ils commencent à t'oublier. Tu gagnes un peu de fric aux assurances, c'est déjà ça. Evidemment ça ne pourra pas durer.

— Je sais.

— De quoi payer ton voyage, dit-il en la regardant. Tu comptes partir quand ?

— Quand tu me ficheras dehors. Quand je le sentirai. Quand j'oublierai de rentrer ici. Ça peut me prendre d'un seul coup. Quand un flic me demandera mes papiers. Maintenant si tu veux. De toute façon je n'ai plus aucune patience.

Elle a la voix douce et bien timbrée, avec un petit chat dans la gorge qu'il irait volontiers lutiner.

— Laisse passer du temps. Chez qui tu vivras là-bas ?

— Des copains.

— Les copains d'avant, c'est pas toujours les copains d'après. Tu le sais ?

— Mieux que toi...

Debout, elle se pencha pour ramasser le ticket de bus qu'elle triturait. Elle a des fossettes sur les reins, deux creux pareils à des coupelles de buis. Il suffirait d'un geste.

— Ici tu n'as rien à craindre. Tu n'es pas bien ?

— Non.

Eh bien casse-toi ! pense-t-il hors de lui.

Il s'attarda sur le palier, n'arrivant pas à la quitter. Mona le regardait dans les yeux.

— Et la chevelure au fait ?

— Brûlée.

Il se demande bien où ?

Il lui serra longuement la main. C'est fou tout ce qu'on peut voler dans la main d'une femme en catimini. Un trésor d'envies inavouées, de mensonges. Pourquoi l'avoir tué si vous étiez les rois, dans la flotte, avec vos tubas et vos poissons savants ? Dehors il respire ses doigts en marchant vers le canal. Sous le tee-shirt elle a cette peau courbe et nue dont la pensée lui donne le tournis. Et si la police trouvait sur lui l'odeur de Mona ? C'est ça, casse-toi !

Un mois plus tard elle était encore là. Elle perdait la tête, rembarrait les filles et souvent ne venait pas au bureau. Il partait à sa recherche et la trouvait à l'appartement devant la fenêtre, négligée, prostrée, purgeant sa peine à domicile, l'air de n'être plus au courant de rien. Tous les jours elle annonçait qu'elle s'en allait, tous les jours il la suppliait de rester. Il adoptait un langage de roman policier, lui disait presque mot pour mot le contraire de ce qu'il pensait dans l'escalier en montant la voir : c'est maintenant qu'elle disparaît.

Il entrait, croisait son regard et s'entendait lui conseiller avec fermeté d'attendre les beaux jours.

— Ce sera beaucoup moins risqué.

— Mais ça veut dire quoi les beaux jours ! Ils me font gerber tes beaux jours. Je ne supporte plus tes vieillards, tes vieilleries, tes airs de vieux beau, tes vieilles coquettes parfumées.

— Plus t'attends mieux c'est.

— Et toi, tu attends quoi ? C'est quoi ton petit jeu ?

Un soir, fatigué d'être constamment rudoyé, il saisit la balle au bond.

— J'ai assez entendu tes salades. Excuse-moi, cocotte ! t'en trouveras beaucoup des mecs comme moi pour ramasser des filles en cavale et leur filer un logement gratis et du boulot. Maintenant fous le camp. Ça tombe à pic, j'ai besoin de l'appartement pour une copine.

Il la vit se lever.

— Et tu comptes aller où ?

— C'est ça ! pour que tu le dises aux flics ! T'es pire qu'un maton, ma parole. T'es bon qu'à renifler chez le voisin.

— Et toi t'es bonne qu'à retourner en taule. C'est si bon la perpète ! On ne peut plus s'en passer quand on y a goûté.

Il crut malin d'ajouter :

— Je vous connais, vous, les filles, vos histoires, vos nerfs, votre hystérie. Et crois-moi, je suis bon juge.

Les yeux de Mona étincelèrent. Il vit se hérisser la chair de poule autour de son cou.

— Ah ouais ! Qu'est-ce que tu connais, toi ! Avec tes beaux jours ! tes « bon juge » ! Qu'est-ce que tu connais ? Les juges, leurs mains, j'en veux pas pour me torcher.

Elle s'approcha de lui.

— J'en ai vu des milliers des mecs comme toi, lança-t-elle d'une voix vibrante. La même bouche étriquée, les mêmes yeux, les mêmes saloperies dans la tête. J'aime encore mieux la taule, tu vois. Au moins on sait où on est, avec qui.

Il éclata :

— Eh bien vas-y, nom de dieu ! dans ton mitard de merde et dans tes fourgons ! Tu veux que je t'aide ? Tu veux que je leur passe un coup de grelot pour leur annoncer ton arrivée ?

— Fumier ! dit-elle en lui jetant sa clé au visage. Ça t'évitera de me la réclamer. Tu risquerais d'avoir une tête de salaud et je parie que c'est pas dans tes principes.

Le lendemain il la retrouva sur le palier. Il avait

passé la nuit à l'attendre, à l'imaginer perdue. Elle lui demandait pardon. C'est vrai. Du fond du cœur. Elle se faufila dans l'appartement comme un chat fugueur.

— Tu ne sais pas ce que c'est, toi, la peur.

Jamais elle ne pourrait s'échapper d'ici. Elle croisait un regard et s'imaginait dénoncée. La vision des îlotiers à ruban vert la glaçait. Ils ne l'ont pas reconnue ? Ils la suivent, oui. Elle avançait le long du canal et soudain l'angoisse lui coupait le souffle. Elle tombait malade en pleine rue. Sa peau lui faisait mal comme si c'était du feu. Qui peut comprendre ça ? Du corps humain la prison fait une plaie, une plaie sale, à vif. Tant qu'on n'a pas creusé dans sa paume un tunnel, avec ses ongles, des années durant, est-ce qu'on peut comprendre les mots d'un être humain qui l'a creusé, qui n'arrivera jamais au bout, c'est sa punition.

Et lui, abruti d'insomnie, la buvait du regard sans rien écouter. Il la voyait immergée dans le vieux canapé de cuir, jambes repliées. Il regardait ses cuisses jointes, il voulait les prendre et les écarter, les refermer sur son passage et, s'il existe une vérité entre les jambes de la femme, monter la découvrir entre les siennes. Il ne pensait qu'à la cueillir sur cette fleur de solitude extrême où le destin la posait à sa merci. Il attendait l'instant où il aurait le courage de la toucher, où le désir serait plus fort que la peur des flics. Ils allaient finir par s'en mêler à la longue !

Il ne croyait pas si bien dire, ils s'en mêlèrent. Et d'une manière, évidemment, qu'il n'avait pas prévue. La pire.

VII

Ce matin-là, comme il arrivait du sport à moto, la serviette autour du cou, il aperçut Mona de l'autre côté du pont sur la cale pavée des éclusiers. Radieuse, elle regardait tournoyer et piquer, sur les morceaux de pain qu'elle émiettait pour eux, ces grands oiseaux blancs dont il n'a jamais su s'ils étaient des mouettes, et quelle canonnade les avait repoussés, jadis, du littoral vers cette écluse endormie sous les platanes.

— T'as entendu parler des horaires de bureau ?

— C'est fini, je m'en vais.

Il accueillit d'abord la nouvelle avec soulagement. Inespéré. En même temps, cet air presque réjoui pour le quitter...

— C'est sérieux ?

Elle ne s'intéressait qu'aux oiseaux.

— Ils en ont de la chance, tes petits amis. Tu les nourris bien.

— Je leur dis au revoir.

Elle avait des souliers neufs, des baskets rouges plastifiées dont les lacets blancs ramassaient la poussière du quai. Et bien sûr les jambes nues, une jupe de plein été, même pas de socquettes.

— Et moi, pas d'au revoir ?

— J'étais venue pour ça.

— Tu vas où ?

— Tu sais bien. Il y a un train qui part à minuit. Tout le monde dormira.

Il entendait les croûtons se briser entre ses doigts.

— Et ça t'est venu comment ?

— Je me suis réveillée cette nuit en y pensant. Et maintenant je me sens bien. C'est ma première décision depuis tellement d'années. J'ai même des sous pour voyager. C'est grâce à toi. Au revoir Emmanuel.

Il ressentit une vive contrariété.

— Au revoir. Tant mieux si j'ai pu t'aider. Et tant mieux si tu arrives là-bas. Tu as ton billet ?

— Non.

— Fais gaffe aux guichets.

Puis, en homme confiant dans l'intuition féminine :

— Après tout, ça peut marcher. Tu crois que ça peut marcher ?

— J'en suis sûre.

— Moi aussi.

Comme elle ne semblait pas encline à des adieux trop émus, il lui fit d'ultimes recommandations. Les gares étaient surveillées ces temps-ci. Tu as des papiers ? Non, bien sûr que non. Si tu avais des papiers au moins. On pourrait s'en occuper. Ce serait dommage de tout gâcher si près du but. D'autant qu'ils ont reparlé d'elle aux informations, hier soir. La police, quelle sangsue !

— Ça m'a fait un choc de revoir tes cheveux. Je ne me rappelais pas qu'ils étaient si longs.

Il n'entendait plus le bruit des croûtons. Il n'y avait plus d'oiseaux blancs. Du coin de l'œil il voyait Mona se tordre les mains.

Aussi facile à rouler qu'un petit enfant.

— D'accord, envoyez-la-moi.

Qu'est-ce qu'elle peut bien vouloir, ce bas-bleu ? Un motif d'une extrême gravité !... Le pompon ! Qu'est-ce qui est grave, pour une femme plaquée ?... Il venait à peine d'ouvrir son courrier. Paperasse et paperasse encore. Tous les prospectus d'un voyage allant de Shanghaï à Rangoon. Il finissait par l'oublier, celui-là. Plus qu'une semaine. Un bon calumet d'opium aux frais des mandarins, et tout oublier.

Hélène Abaritas entra, chaloupant sur des talons aiguilles. Il trouva qu'elle portait le nez bien haut pour une personne qu'il avait le pouvoir de renvoyer. Il n'était pas du tout préparé à ce vis-à-vis. Les dépliants chinois couvraient son bureau, donnant l'idée d'un patron plus migrateur que travailleur.

— On m'a volé mes papiers, lança-t-elle de but en blanc.

— Allons bon !

Carte d'identité, carte de sécurité sociale, ticket de loto, tickets restaurant, passeport, tout avait disparu pendant qu'elle était aux toilettes. Son sac était sur la chaise, le manteau par-dessus, et voilà : fauchés par une salope ! Si l'on ne peut même plus aller au petit coin. Elle s'en était aperçue dans l'autobus au moment de sortir sa carte orange.

Mazette ! Elle aura noyé sa timidité dans un remontant bien titré en alcool.

— Et la carte du tendre, Hélène, fit-il en clignant les deux yeux. Vous l'a-t-on pas chouravée ?

— Quoi ?

— Rien. Moi aussi, d'ailleurs, je désirais vous voir.

Elle eut une vilaine expression d'affût.

— Me voir moi ? Celle-là, elle vient de sortir ! Et pourquoi ?

Il la devinait malfaisante et ravie, sur le point de lancer les éclats d'un rire désespéré. Elle avait dû se parfumer juste avant d'entrer.

— Tracasseries administratives. Chez vous, c'est mariage ou concubinage ?

Elle parut excédée.

— Pardon, je suis une femme mariée.

— Vous avez des enfants ?

— Trois. C'est-à-dire autant que la dernière fois.

Emmanuel se tapa le front.

— Mais oui, c'est vrai. Et le grand qui vous tyrannise parce que vous rentrez tard à la maison. Et votre mari qui n'aime pas vous savoir dehors la nuit. Voyez, je n'oublie rien. Et le petit Gérard qu'on surnomme Poupou.

— Tatou.

— Va pour Tatou. On le taquine, je sais. On lui dit : « Dis-nous tout, Tatou. Ton thé t'a-t-il ôté ta toux ? »

Voyant son air stupide, il retrouva son sérieux :

— Au fait, vous êtes venue me voir à quel sujet ?

— Mes papiers volés, dit-elle en prenant fortement appui sur le talon gauche. On aurait dit qu'elle se vissait le pied dans la moquette. Et ce que vous ne savez pas c'est...

— Des soupçons ?

— Justement...

— Oubliez-les pour l'instant. A quelle heure vous êtes-vous rendue aux toilettes ?

Estomaquée, la plaignante.

— Onze heures, je dirais, onze heures et quart.

Il saisit à deux mains les bouts de la serviette éponge et se frictionna la nuque, renversé dans le fauteuil à ressorts.

— Et, sans indiscrétion, vous vous êtes absentée combien de temps ?

— J'en sais rien, dit-elle en s'empourprant.

— Comment ça : vous n'en savez rien ! lança-t-il en se laissant tomber en avant, les coudes sur le bureau. Quand on va aux toilettes on sait le temps qu'on y passe, non ? A fortiori sur un lieu de travail.

Il lui sourit.

Elle a une manière de prononcer « quart », cette Abaritas. Si le ridicule était nocif, il n'en ferait qu'une bouchée.

— Vous m'avez bien dit vers onze heures ?

— Onze heures, onze heures et quart, comme ça...

Comme ça ? Comme ça quoi ! Mais dans quel chou farci nous a-t-elle repêché cette inflexion ?

— Mon mari veut porter plainte.

— De quoi je me mêle ?

— C'est mon mari tout de même.

— C'est sûr.

Les yeux méchants qu'elle a. Deux punaises. Objectivement elle n'est pas jojo. Les cannes bien souples, d'après les souvenirs, et les cordes vocales développées dans les aigus. Mais les bouts de seins, néant. Pas plus en relief que les décalcomanies.

— Autrement dit faire venir la police chez nous.

— Ils peuvent l'attendre à la sortie.

— Attendre qui ?

— La salope, dit-elle sourdement.

Voyons, Hélène, c'est ma fiancée, pensa-t-il. Elle sort de prison. Un peu de respect. Elle a tué l'homme de sa vie quand elle était enceinte. Personne n'a jamais compris pourquoi. Elle n'a jamais avoué. Elle est encore fragile et je vous prierai de ne pas la tourmenter.

Il poussa le téléphone dans sa direction.

— Allez-y, portez plainte.

Hélène Abaritas le regardait sans bouger, plissant les yeux, un demi-sourire aux lèvres.

— Ils peuvent aussi l'attendre ailleurs, fit-elle d'une petite voix niaise. Elle habite bien quelque part, la salope. Elle a un toit. Vous avez une idée ?

Il se détourna vers la baie vitrée. Sur le canal passait la vedette rouge de la brigade fluviale, un abominable présage. Il se sentait la gorge sèche et le moral en vrac. Il fallait la mettre au pas illico.

— Alors ? On n'appelle pas la police ? On est timide ?

— J'ai pas besoin de vous pour ça. J'irai tout à l'heure avec mon mari.

Et c'était sur ce judas qu'il avait fantasmé. C'était ce vilain pou cafteur qu'il avait lutiné dans sa voiture.

— Dites voir, chère petite madame, il fait quoi monsieur Abaritas, votre mari ?

— Chômeur. C'est pas déshonorant.

Il fit la grimace :

— C'est tout à son honneur, mais... il n'y a chez vous qu'un seul revenu.

— On n'est pas des nantis, nous !

Elle commençait à lui chauffer les oreilles.

— Un revenu, trois enfants, un mari. Va falloir vous serrer la ceinture, chez les Abaritas. Remarquez, celui qui sait mâcher correctement un grain de blé ne commence à maigrir qu'au bout d'un mois. Passons... C'est long pour de nouveaux papiers ?

Elle n'était plus si faraude, la peste.

— Quels nouveaux papiers ? J'ai pas de quoi payer les timbres fiscaux. Je m'en fiche des nouveaux. C'est les miens que je veux. La police les trouvera tout de suite.

Elle n'arrêtait pas de le fixer bizarrement. Elle avait dû bien gamberger, elle aussi, du temps des calzone à la chandelle. Elle a l'eau à la bouche, sous son grand pif.

— Imaginez à présent une lettre recommandée.

— A la voleuse ?

Il pointa son index sur elle et dit en enflant la voix :

— A vous, voyons ! Qu'est-ce que vous croyez ! La loi des séries, vous connaissez ? Vous perdez vos papiers, vous perdez votre travail. L'employeur vous en informe par courrier suivant la législation.

— Pourquoi je le perdrais ? fit-elle d'une voix blanche, et son menton s'oublia dans un tressaillement d'épileptique.

— Eh oui pourquoi ? Et pourquoi pas ? dit-il d'un ton glacial. Le malheur est friand du malheur, figurez-vous. On cherche celui des autres, on trouve le sien.

Qui sait d'ailleurs si le destin s'en tient là. Jamais deux sans trois. Le trois, je vous laisse l'imaginer.

Il regarda l'heure.

— Vingt minutes que vous êtes là ! Ça va encore jaser. Il y a bien sûr une autre solution, beaucoup plus festive et rigolote.

— C'est quoi ? supplia-t-elle.

— La solution du patron. La solution du bon vieux temps. La solution du seigneur dans les châteaux forts suintants.

— Je ne comprends pas.

— Le plus simple appareil, vous connaissez ?

— Quel appareil ?

Il sourit. On baissait les stores et Mlle Vinzacchia se déshabillait en musique, debout sur son bureau. Un bon flamenco, qu'est-ce que vous en pensez ? Soit on retrouve les papiers volés sur elle et l'affaire se règle, disons, en famille, soit elle ne les a pas et l'on passe à une autre fille. A vous par exemple, et ainsi de suite jusqu'à ce qu'on ait démasqué la coupable.

Il fit un clin d'œil :

— Même nue, innocentée, même sacrée à l'unanimité Miss Canal par ses collègues, Mlle Vinzacchia peut fort bien être la voleuse. Il est d'ailleurs peu probable qu'elle les porte sur elle en guise de sous-vêtements.

Hélène Abaritas eut un ricanement haineux.

— Elle s'appelle pas Vinzacchia.

— Ah bon ? Et quel est son nom ?

— Tout le monde le sait.

Il éluda.

— Si vous êtes au chômage, il fait quoi votre mari ? Il vous plaque ?

— Ça risque pas. C'est un homme fier.

— Ah ça c'est bien. C'est important la fierté. Un époux fier, une épouse fière, un Poupou fier, c'est du solide. Ça peut tout affronter, presque tout...

Il joignit les mains derrière la nuque et se mit à soliloquer les yeux en l'air : « Une épreuve atroce, le chômage, pour un homme, un chef de famille. Un couple ne résiste pas indéfiniment aux coups du sort. » Il soupira : « L'argent ne fait pas le bonheur, c'est sûr, mais les endettés ne respirent pas la joie de vivre. Ils sont même les premiers à se balancer par la fenêtre, histoire d'éponger l'ardoise. Une chienne, la pauvreté. Toute la famille trinque. Même Papou, notre impayable Papou finira par être éclaboussé, désarçonné. Papiers perdus, lettre recommandée, lettre anonyme... »

— Quelle lettre anonyme ?

— Mais rien, des mots en l'air. Ça monte, ça descend. De toute manière vous verrez bien au courrier.

— Quelle lettre anonyme !

— Elle est adressée à Monsieur, je vous signale. Une main bien intentionnée la glissera tôt ou tard dans sa poche.

Il récita lentement, d'un air d'autant plus suave qu'elle enlaidissait à vue d'œil : « Monsieur, il n'est pas d'usage que l'amant d'une femme écrive à son mari pour lui mettre sa légèreté sous les yeux. Mais votre épouse me dit que vous êtes chômeur et je respecte la détresse humaine. C'est donc un homme respectueux qui dépose entre vos mains ces informations. Le 8 septembre dernier, Mme Hélène Abaritas, sous prétexte de rendre visite à sa sœur, dînait en compagnie d'un homme seul au restaurant Da Mimo, boulevard Magenta. Pour tout éclairage il y avait sur la table une bougie dans une bouteille de valpolicella. Votre épouse commandait une pizza calzone. Elle n'en mangeait que la moitié, sans doute l'émotion. En revanche elle prenait un dessert, un tiramisu, et buvait le verre de grappa offert par le patron. Le repas fini, la nappe rouge en papier débarrassée, il restait dans la bouteille de rosé pétillant la valeur d'un demi-verre qu'elle siffla, alléguant qu'elle n'aimait pas jeter. Ce soir-là, la chose eut lieu dans la Twingo de votre épouse, sous un réverbère en panne. Le 10 octobre, à la deuxième bouchée de pizza, elle voulut aller chez sa sœur, rue Gazan. La chose eut lieu dans la chambre de la sœur, celle-ci restée sur une chaise de l'entrée pour tricoter. Il n'y eut pas d'autre calzone. Non que votre épouse ait repris goût au lit conjugal, elle ne s'est pas étendue sur la question, mais le reste ne vous regarde plus. »

Indifférent aux larmes d'Hélène Abaritas, il poursuivit dans son for intérieur : Une tierce personne que je rencontrai vers la même époque sur le canal Saint-Martin m'éloigna d'elle à peine l'eus-je aperçue. C'est vrai qu'elle a tué son amant. Il y a des preuves à défaut d'aveux. Mais aujourd'hui, qui n'est pas plus ou moins tueur ? Il y a mille et une manières d'assassiner l'autre, de l'éliminer sans qu'il meure, de le vider insensiblement comme on gobe un œuf. Il a l'air intact : il est mort. Ne soyez pas une coquille vide, cher monsieur. Le temps presse. C'est nous qu'il presse et qu'il gobe. Et cependant que je vous parle en ami, je pense à Mona. Je me demande à quel moment elle se perd de nouveau. A quel moment elle me perd, et si je n'ai pas intérêt, tout de même, à me débarrasser d'elle et rapido. La jolie fleur exhale une odeur de roussi. Elle n'est pas heureuse en liberté. Elle ne s'habituera jamais à cette évasion. On ne lui laissera pas le temps. Entre nous, cher monsieur, moi je m'en fous qu'elle retourne à l'ombre. Après tout c'est vrai qu'elle a zigouillé son mec. Elle est condamnée, c'est justice. Et loin de moi l'intention de m'associer à ses emmerdements.

A sept heures, un dernier néon tremblota dans l'aquarium en s'éteignant. Emmanuel gambergeait. De vilaines idées s'insinuaient. Il avait passé la journée à les repousser. Les femmes, il en a eu plein. Il en aura plein. Elles sont toujours là. Le cours naturel de la vie les dépose à ses pieds depuis qu'il est en âge de se coucher auprès d'elles, et ce n'est pas fini. Si longue est la vie, si douce la peau des filles. Aucune raison d'imaginer qu'une âme errante a fait son nid dans la vôtre et qu'elle est la dernière, la seule. Plus errant que lui, faut se lever tôt. Plus nomade et plus déserteur. Aucune raison de vouloir attirer dans son avenir cette Mona qui fait partie d'un monde où le temps est un leurre et l'amour un cri mort, coincé dans la gorge avec les sanglots. Il n'est coupable en rien. Chacun sa douleur. Le corps, on a tous le même. T'as froid ? J'ai faim. T'as perdu les mains ? J'ai perdu les yeux. T'as perdu les yeux ? On m'a torturé. Tu vas crever ? Moi c'est déjà fait. T'es seul ? T'es pas le seul. C'est à qui sera le plus trahi, déchiré, craché à la gueule, relégué, mis au trou. A qui le plus oublié.

Dehors il faisait nuit noire. Un léger brouillard

flottait sur le canal où les feux jetaient des lueurs intermittentes, rouges, vertes. Le thermomètre extérieur affichait zéro. Par chance, on trouve à Paris toutes sortes de foyers bien chauffés pour les miséreux. Des foyers et des bus. Elle n'aura pas froid longtemps. C'est maintenant qu'il faut en finir. Arrête avec tes scrupules de héros, vas-y. Le courage n'attend pas.

Il regardait autour de lui mais il n'y avait personne. Il y avait le téléphone posé sur la table au milieu du fouillis.

— Voler des papiers, quelle idiote ! murmura-t-il en hochant la tête.

Quand, debout contre son bureau, il tendit la main vers le cadran, deux notes brèves sur deux tons différents le frappèrent au cœur. Il s'expliqua. On le pria de ne pas couper. Puis :

— Vous êtes loin ?

— Pas vraiment.

— Le commissaire vous attend.

Le plus dur est fait, pensa-t-il en quittant son bureau. Et si je la respecte un tant soit peu j'y vais d'un cœur léger. Pour éviter le pire.

Dans la nuit, le commissariat du dixième avait l'air d'un bordel. Porte pleine, volets clos. Pas d'éclairage hormis le fanal orné du mot POLICE, un luminaire du temps des becs de gaz, insidieux comme un lampion rouge d'auberge espagnole. Il était toujours à moto, la main sur la poignée des gaz. Il hésitait, le ventre noué. Vraiment l'aspect d'une maison close. Si seulement. Monter oublier Mona dans les bras des filles, se confier à des prostituées gavées d'ennui, et, pour un prix d'ami, tirer le plus triste coup jamais tiré par un homme à travers une femme.

Il béquilla sa moto sur le trottoir et leva les yeux au ciel. C'était bourré d'étoiles. Il gravit les trois marches du commissariat. Une lumière filtra sous la porte. Un planton l'écouta, puis l'emmena directement voir le commissaire au dernier étage. Il entra dans une vaste mansarde enfumée. Le comité d'accueil le démoralisa. Sous un globe lumineux, autour d'un homme à veston qui fumait le cigare, la main baguée d'un rubis, sept ou huit flics en chemise, assis lourdement sur des chaises et sur des bureaux, le regardaient avancer vers le tabouret qu'ils avaient l'air de cerner.

Il s'assit. La première question tomba :

— De quoi t'as peur ?

VIII

On l'observe. On attend qu'il parle. A table, mon pote, vas-y. Crache-le, ton poison. Il ne sait plus où il en est. La pendule, où l'a-t-il déjà vue ? A l'école des garçons, rue Bichat, quand sa mère parvenait à l'y traîner. Même cadre octogonal en bois ciré, même crochet de laiton, même hoquet dans l'aiguille, à chaque seconde franchie. Déjà, le temps lui foutait les jetons. Une grosse moumoute épilée jusqu'au dernier poil de cul. Déjà la moindre question lui donnait envie d'être ailleurs. Il arrosait son froc au premier point d'interrogation.

— Détendez-vous, dit l'homme à la main baguée derrière le bureau, le commissaire à l'évidence, le plus jeune. Et si vous voulez fumer, ne vous gênez pas. Ainsi vous connaissez Mona Zigler...

— Pas d'intox. Je n'ai pas dit ça. J'ai rencontré une personne qui lui ressemble, et encore je n'en suis pas sûr.

— Comment l'avez-vous rencontrée ?

— Par hasard.

Il planta son regard dans les yeux bleus du commissaire, autant pour s'en faire un allié que pour se donner un appui. C'est ainsi qu'il procède avec les filles, avec les retraités à moitié impotents qu'il envoie s'éclater au bout du monde. Avec lui-même quand il se voit surgir d'un miroir.

— J'ai une petite négociation à vous proposer.

Il se présenta comme un chef d'entreprise accablé de soucis, très à cheval sur les règlements, pris par les devoirs d'un métier qui mangeait tout son temps. Là où il avait ses bureaux, derrière l'hôpital Saint-Louis, au bord de l'écluse, c'était plein de mendiants. Pas méchants d'ailleurs. Fin septembre il avait dépanné l'un d'eux, une fille. Elle avait l'air d'arriver de nulle part.

— Qu'est-ce que vous appelez « dépanner » ?

— Le vivre et le couvert.

— Baise et brosse à dents, je vois, dit un policier goguenard, et des rires fusèrent.

— Il n'y a rien à voir, proteste Emmanuel d'une voix de notable outragé dans son quant-à-soi.

La négociation était la suivante. La police fermait les yeux sur le fait qu'il avait employé au noir, quelques semaines, et dans un but strictement humanitaire, une fille dont il ne pouvait soupçonner les antécédents judiciaires, et lui, gage de bonne volonté, se tenait à la disposition des enquêteurs. Il ne savait pas grand-chose, mais c'était toujours ça.

— C'est beau d'en avoir dans la culotte ! lance un flic à travers un écran de fumée.

Marrade générale.

— Et qu'est-ce qui vous a pris de faire le rapprochement avec Mona Zigler ? demanda le chef, le regard empreint d'ironie.

Exaspérants, ces yeux bleus. Il n'est pas si jeune en réalité. Une ruse.

— Deux choses, dit Emmanuel, le majeur et l'index en V.

Le jour de la rencontre au bord du canal, elle avait les cheveux longs. Le lendemain ils étaient coupés court. A peine s'il l'avait reconnue. Une tête de bagnard. Bizarre, non ? Ensuite il y avait eu ce vol de sac à main dans les bureaux. C'était la personne volée qui la première avait eu des soupçons. Elle se rappelait un reportage à la télé. D'abord il l'avait crue folle. Il s'était moqué d'elle. Ensuite il l'avait engagée à déposer plainte. A la vérité, il doutait...

On lui glisse une photo sous les yeux. Une fille à longs cheveux noirs, les poignets menottés, entre deux policiers. Il se fige à sa vue. Il se retrouve à la pizzeria Da Mimo, face au téléviseur. Il entend battre son cœur, l'émotion l'envahit. Ce n'est pas elle, non. Excusez-moi messieurs. Que de temps perdu. Jolie femme. Rien à voir avec celle que j'ai fréquentée. Dont je suis amoureux bien malgré moi. Une méprise absurde. Au revoir messieurs.

— Alors ?

— Incroyable, murmure Emmanuel en prenant la photo. On dirait sa jumelle.

Et de lui-même il se met à parler.

Il accepte une cigarette et regarde entre ses pieds, le dos arrondi. Il raconte à qui veut l'entendre la gentillesse de Mona, le charme trouble qu'elle exhalait, sa hantise du sud, sa petite fille. Il redit qu'elle a passé du temps chez lui, quelques jours, sans préciser que l'adresse en comprend deux séparées par une écluse et par le ressentiment d'un fils contre ses géniteurs. Le commissaire l'interrompt. Il répond aussitôt. Toutes les questions sont les bienvenues. Bien sûr il voulait la mettre dehors. Il avait des scrupules, en plein hiver. Elle ne savait pas où aller. Elle est belle, oui. Non, rien d'ambigu. Il ne court pas après les va-nu-pieds. Sa jeunesse l'émouvait. Il n'a pas d'enfant. Où elle est partie ? Elle ne l'a pas dit. Sûrement dans le midi, voir sa fille. Elle parlait peu. Elle se méfiait. Sans doute un complice en ville, oui. Simple supposition. Il multiplie les poissons pour les noyer. Il fait semblant d'être épuisé, de craquer : il craque. Il n'a jamais tant aimé ni désiré Mona. Trahir en douceur, quel baume sur les nerfs à vif après tous ces mois d'abstinence et d'envie. Il somnole en parlant. Même les flics se mettent à bâiller. Il ne peut pas les blairer. Il n'a jamais pu blairer l'autorité, les fils uniques, l'école et les yeux bleus des chefs.

Une heure après, il est à moto dans la nuit parisienne, tête nue, il déboule au mépris des feux. Et voilà, c'est fait. Pas de quoi chialer. Il a relu sa déposition, l'a signée. Il a dénoncé Mona mais à peine. Il l'a signalée, nuance. Les mots prononcés ne risquent pas de s'effacer à l'aube avec les mensonges étoilés du ciel. Ils ont trinqué les flics et lui. Ils ne la tiennent pas encore. Elle lui doit une fière chandelle. Un salaud prévoyant, bien élevé, sa conscience ne lui donne jamais tort. La lune joue sur les toits. Il se range et va se remettre au comptoir du Vizir. Un verre, un seul pour ne pas s'égarer dans la peau d'un judas. Je suis content pour ta fille, Mona. Tu pars au sud. C'est pas une bonne nouvelle ? Depuis le temps qu'on attend ça. Allez file...

Peu après minuit, Emmanuel s'arrêtait passage Boutéron. Il chantonnait au guidon. C'était clair, sans bavures, il venait déloger Mona. Il avait avalé plusieurs schnaps, les uns pour assourdir la voix des policiers qu'il avait renseignés, les autres pour affermir la sienne. Et maintenant, le sang brûlant d'alcool et de honte, il était d'humeur à soulever les montagnes. Attention, les pavés sont glissants. Et beurré comme il l'est...

Aussi fut-il extrêmement surpris, entré en coup de vent dans l'appartement, avec le double des clés, que ses premières paroles consistent à renvoyer la question d'une Mona qu'il n'a pas vue surgir devant lui.

— Quoi : qu'est-ce qui m'arrive ?

Elle a l'air affolé. Elle a déjà compris. J'ai dû parler sans y penser. Pour une fois que l'esprit d'escalier ne me lâche pas sur le paillasson. Du gâteau cette expulsion. Pas besoin de faire les gros yeux. Au chant du coq, les poulets.

— Il m'arrive que j'arrive, c'est tout, dit-il en se dirigeant vers le salon. C'est pas la première fois. Mais c'est la dernière. Asseyons-nous une minute et causons. Comment ça va depuis ce matin ?

Il approcha le fauteuil du canapé, pivota sur les talons avec une légèreté suspecte, et s'y laissa tomber.

Mona, les sourcils froncés, le regardait comme s'il était fou.

— Alors ? dit-il en montrant le canapé où elle ne s'asseyait pas.

— Alors quoi !

— Qu'est-ce que t'as foutu de la journée ?

Elle baissa la tête et vint se lover sur les coussins. Il huma son odeur, reluqua le jardin de mamelles et de fesses qu'il s'est borné durant des mois à convoiter. Il n'aura pas goûté ses fruits, pas un seul.

— Je suis allée jusqu'au train. Je n'arrivais pas à acheter le billet. Après tout ce que tu m'avais dit.

Elle avait les paumes sur les genoux et ses doigts allongés tremblaient.

— Ensuite j'ai voulu venir au bureau, fit-elle en secouant la tête, mais ça n'allait plus. J'étais vidée. Dès que je mettais un pied dehors, j'avais l'impression d'être nue.

— Rien que ça !

Plus tard le désir. Dans une autre vie. Au chant du coq, les poulets.

— Pourquoi t'as pas téléphoné ?

— J'avais peur que tu sois fâché, dit-elle en rougissant.

— C'est mon genre !

Sur ses genoux il voyait frémir continûment le bout des doigts. Où sont passées les phrases préparées ? Le compliment d'adieu ? Les flics lui ont bien dit qu'au chant du coq ils auraient alpagué Mona.

— Tu es bizarre Emmanuel. Tu as bu ?

— C'est mon genre !

Il n'arrivait pas à lire l'heure à son poignet. Les chiffres dansaient. Une montre de plouc enrichi. Elle indiquait les tops horaires à la pointe des gratte-ciel japonais, la température de la croûte terrestre au plus bas de la fosse des Kouriles, instant par instant, le cours de l'or, mais l'heure ici et maintenant, la seconde où Mona Zigler prend ses cliques et ses claques, disparaît : connaît pas, zéro !

— Si, tu es bizarre.

— Tu n'as rien à boire ?

— De l'eau.

— Bonne idée.

Cependant qu'elle était à la cuisine, il farfouillait dans la cave à liqueurs et dénichait une bouteille aux trois quarts pleine. De l'eau-de-vie de Dantzig, le poison préféré de sa mère. Une eau qui n'a rien d'aquatique, avec des paillettes argentées, et du bonheur à quatre-vingts degrés. Trinquons à la fin d'une belle rencontre enlaidie par la force des choses. La police est après toi, Mona. Je t'emmène à la gare et j'achète le bifton. Et bien sûr on ne s'est jamais vus.

A son retour il eut un coup au cœur. Sur des chaussons chinois tout plats, un verre à la main, la poitrine ondoyante, elle avançait auréolée d'invisibles anneaux, en mini-jupe et débardeur. Elle semblait évoluer posément sur un fil. Elle n'est pas frileuse mais quand même. Elle va se geler, dehors. Il prit le verre et le retourna sur la moquette. Puis il le remplit d'alcool et l'avala d'un trait. Il recommença.

— C'est pas drôle, Emmanuel.

Elle le regardait boire avec tristesse et son regard avait une force d'aveu. C'est la seconde où la baiser, mon pote. La seconde où devenir son amant d'un soir, qu'elle ait ou non découpé son mec en lardons. Elle a tué ? Vieux crime. Il est à tout le monde. Il passe de main en main. Il se balade à travers les âges. Lui, parfois, il ressuscite sa mère histoire de la pousser dans l'escalier. Œil pour œil.

— Tiens, dit-il en plongeant la main dans sa poche. Ça fait des semaines que j'ai ça pour toi.

Une paire de collants noirs atterrit sur le canapé.

— J'en ai marre de te voir les fesses à l'air. Tu les mets et tu mets tes baskets.

Elle étira les collants entre ses pouces, la mine embarrassée.

— C'est trop petit.

— T'as pas essayé.

— Je me connais.

Il s'énerve :

— Eh bien mets-les trop petits ! Ce sera mieux que rien. Et si ça ne va pas j'ai la taille au-dessus.

Un pied déchaussant l'autre elle fut pieds nus au milieu du salon. Se détournant sans ostentation, sans hâte, elle passa les collants en un mouvement si gracieux, ondulant, si naturel, qu'il pensa voir un mirage. J'ai pas bien vu, Mona. Recommence, prends ton temps.

— Et maintenant les baskets.

— Pour quoi faire ?

— Et après, ton blouson. Pour marcher.

— Marcher ?

— Marcher, oui, droit devant. Jusqu'à ce que tu ne sois plus qu'un petit point à l'horizon. Ecoute-moi, maintenant. Tu m'écoutes ?

Et regardant par terre il dit :

— Je suis content pour ta fille, tu sais.

— Qu'est-ce qu'elle a ma fille ?

— Une petite mère de derrière les fagots.

— Qu'est-ce qu'elle a !

Il vit rouge. Elle crie, maintenant ? Elle veut des claques ?

— Et toi qu'est-ce que tu as ? J'ai horreur quand tu as ces yeux-là. Je suis sûr que tu avais les mêmes le soir où... Et merde ! Alors, rassieds-toi.

Elle obéit, livide.

— Voilà, dit-il en prenant sa respiration. C'est demain le grand jour. Enfin c'est maintenant. Faut pas que tu t'affoles. Hélène Abaritas, tu vois qui c'est ? Elle a perdu ses papiers. Elle a des soupçons. C'est une langue de pute. Elle ne t'aime pas. D'ici qu'elle aille aux flics... Imagine qu'elle l'ait déjà fait ! On n'a pas vécu tout ça pour en arriver là.

— En arriver où ? souffla Mona.

— Où tu veux, fit-il distraitement. D'ailleurs ça tombe bien.

— Quoi ?

— Devine. On était d'accord, non ?

Il était furieux qu'elle n'ait pas déjà mis ses baskets et dévalé l'escalier. C'est pas clair ce qu'il a dit ? Elle cesse de jouer les baigneuses alanguies sur le canapé d'un jouisseur infoutu de la sauter, tant mieux. C'est la mort cette fille. Tu la touches et tu perds ton sang.

— Si cette salope y est allée ! on est marrons. Elle sait que je te loge, en plus. Elle a dû te suivre.

— Je ne crois pas un mot de ce que tu dis, figure-toi. Si c'est tout ce que tu as trouvé pour me virer, c'est nul.

— T'as bien raison. Il n'y a pas un mot de vrai.

Il enflait la voix malgré lui. Il se retenait de hurler et de la battre.

— C'est mon domaine, ici, c'est moi qui décide. Je me sens d'humeur à tout casser, ma vieille !

Il ne l'a jamais vue si pâle. Elle fouette un max. Il entend ses dents s'entrechoquer. Comme elle a l'air installée, soudain, comme elle se pelotonne au fond des coussins. Elle se croit chez elle, en fait.

— Où on en était ?

La bouteille d'alcool à la main, il vint s'asseoir à côté d'elle.

Il parla de son voyage en Asie, Shanghaï et tous ces patelins à rizières où il n'avait aucune envie d'aller, enfin d'aller seul. Il aurait tellement aimé l'emmener. Aux frontières, un passeport n'est pas superflu. Mais des papiers, ça se trouve, elle en sait quelque chose. Inutile de voler ceux des autres, ça les rend méchants. Avec cette histoire ils sont obligés de se quitter maintenant, et le plus vite sera le mieux. Trinquons à la mère et à l'enfant. Tout finit bien dans un sens.

— Et nous deux c'est pas perdu. L'avenir est patient, tu sais.

Il voyait sa poitrine se soulever.

Elle semblait avoir perdu la parole. Il lui posa la main sur l'avant-bras.

— Mona, dit-il en s'efforçant de ne pas accrocher les mots. Tu vas me manquer.

Les affinités on n'y peut rien. Les sentiments non plus. Pourquoi les refréner ? L'attirance entre eux, cette petite force indéfinissable qui les portait l'un vers l'autre, il l'avait éprouvée presque aussitôt. Non pas au bord du canal, mais ici même, à la seconde où il l'avait vue chez ses parents, drôle d'oiseau descendu par mégarde chez les humains. Tu te souviens ? Tu tombais de sommeil.

Il lui toucha de nouveau l'avant-bras. Le regard de Mona se perdait au loin.

— Entre nous, Mona, ce mec, c'était une merde.

— Qui ça ?

Il eut un rire gêné.

— N'empêche que sans lui...

Elle ne dit rien.

— Tu ne serais pas là. Ni toi ni moi. Et tu vois comme on est ? On n'en a jamais profité. Qu'est-ce qu'on attend, Mona ?

L'alcool le faisait parler au plus près de ses vrais sentiments. D'habitude il déguisait mieux. La magie poudroyait sur ses mots d'approche. Il s'entendait aux platitudes inspirées dont elles ont besoin, toutes, pour s'estimer dûment conquises et baisables à volonté.

Il rebut au goulot. Mona se dégagea quand il avança la main.

— Quoi ! cria-t-il en se levant, la bouteille au bout du bras. Qu'est-ce qu'il y a ?

Ahuri, scandalisé, il chancelait devant son fauteuil en la regardant. Il fit un pas vers le canapé, mais elle n'y était plus.

— Tu baises avec un pauvre mec, tu lui fais la peau, t'as même un gosse de lui, un taré pareil ! Et moi, rien ! L'hôtelier gratos ! La veuve Poignet.

Il la vit réfugiée près du rideau, une vision brouillée. Elle cherche à l'énerver, c'est de bonne guerre, il ferait pareil. Il y a du clapot dans le détroit, en cette saison.

— En plus, je ne t'ai pas touchée, tu m'entends ! Ose dire aux flics que je t'ai touchée. C'est mon genre !

Il tituba dans sa direction. En fermant l'œil gauche il voyait se recomposer le parallélépipède familier qui soutenait les étages supérieurs de la maison. Les collants allaient voltiger. Il n'eut que le temps de s'agripper au rideau qui lui tomba dessus.

— Allonge-toi, dit Mona. Je vais te chercher de l'eau.

Il s'esclaffa :

— M'allonger ? Pour que tu me crèves ? Te sortir les seins, oui ! Et il la perdit de vue.

On rigolerait moins quand il la choperait. Il avait le goulot bien en main. Si tu veux me crever, je suis prêt. J'ai du répondant, ma grande. Légitime défense.

— Emmanuel, s'il te plaît, rentre chez toi.

— Chez moi ? hurla-t-il. Chez moi ? Ah ça, c'est vraiment la fin du monde ! Où je suis, d'après toi ? Dans un bordel espagnol? Avec une pute ?

Elle avait beau se planquer, elle ne perdait rien pour attendre. Il n'allait pas la louper. C'était même une question d'honneur. Et brandissant la bouteille il se mit à taillader l'espace autour de lui.

Il entendit du verre se briser et se retourna pour voir la glace au-dessus de la cheminée dégringoler sur le tapis. Beau travail ! Où sont passées les cuisses de Mona ? Par terre, avec cette gabegie ? S'il se hasarde à les ramasser, il ne trouvera plus que les débris épars d'un kaléidoscope. Ça va pour se trancher les veines, à la rigueur...

Alors il l'aperçut à côté de l'entrée, ridicule avec sa joue qui saignait.

— C'est toi qui as fait ça. Tu l'auras voulu !

Des mots s'abattaient sur lui régulièrement, rentre chez toi, rentre chez toi, et c'était bien ce qu'il comptait faire, le plus drôle ! Que n'a-t-il suivi cet excellent conseil sous les volets clos du commissariat ?

Il rouvrit les yeux le front sur le guidon glacé. Si flics vouloir interroger moi, moi être prêt. Moi vouloir sauver jolie pépée. Moi en avoir juste un peu gros sur patate et redouter les emmerdements. Qu'est-ce qu'il fout là dans ce parking, à ciel ouvert ? Il voit des ombres d'autos stationnées et les boules blanchâtres d'un lampadaire. Il arrive à peine à bouger les doigts. C'est étrange, il a mal aux tempes. Alcool ? Nuit ? Matraqué par la pleine lune cependant qu'il récupérait à cheval. Il tourna la clé de contact. Les cadrans s'illuminèrent et le moteur ronfla. Question : est-il en état de piloter cette énorme cylindrée sans flanquer tous les centimètres cubes dans l'écluse ? Ne serait-il pas raisonnable, à présent qu'il a viré Mona, d'aller finir sa nuit sur le canapé des schnocks ? Question : l'a-t-il virée ? Il l'a corrigée, ça oui, mais virée ? C'est bien noir, dans sa tête. La certitude aimerait s'appuyer sur une image. Il coupa le contact. L'a-t-il vraiment dérouillée ? A-t-il eu le dessus, elle le dessous, lui dedans, elle autour, et ran ! et ran ! L'a-t-il défoncée tout en la ramenant à la belle étoile, à son vrai destin ? Les souvenirs n'affluent guère. Dehors, pour l'instant, c'est lui qui s'y gèle. Bon gré ? Mal gré ? Il leva les yeux. Pas de lumière au premier. Là, pas là ? Il descendit de moto, prit sa torche électrique et remonta chez ses parents. Dans l'entrée ses doigts trouvèrent le compteur électrique et rabattirent l'interrupteur. Il masquait sa lampe avec les doigts. Désert, le canapé. Du verre brisé sur la moquette. Un rideau pendait au bout d'une tringle arrachée. Le bordel ! Il poussa jusqu'à la chambre des schnocks. Il aperçut des vêtements pliés sur un dossier. Elle dormait à l'extrême bord du lit, le drap tiré sous le menton, les lèvres écrasées sur l'oreiller. Elle bavait, cette chérie. Lampe éteinte il se déshabilla complètement et s'allongea sur le lit, le sexe en érection. Ça c'est la vérité, ça c'est un aveu. L'homme et la femme à Néandertal, après que la genèse eut rendu les choses à peu près vivables pour la créature, en attendant la venue d'un créateur. Il est un géant, elle une île tropicale. Ça fait l'amour, les géants et les îles, ça perpétue les grands équilibres naturels. Grâce à nous le bleu reste la couleur préférée des océans.

— Où tu t'es façonné cette musculature d'espadon ?

Il referma la main sur une épaule. Un paradis. Il n'eut pas le temps d'en éprouver la caresse. Il reçut un violent coup de coude assorti d'une plainte suraiguë d'enfant. Levée d'un bond, Mona sortit de la chambre en courant. Quand il la rejoignit à la salle de bains, elle essayait d'enfiler un peignoir dans l'obscurité. Au jaillissement du pinceau lumineux elle fit volte-face et poussa un cri. Elle avait toujours les collants sur elle et sa poitrine était nue. « Mona ! » souffla-t-il bouleversé. Comme il barrait la sortie, elle s'élança, tête en avant. Ils roulèrent sur le sol. Ils se soufflaient en plein visage. Tombée par terre, la lampe éclairait deux bêtes enchevêtrées qui se repoussaient et s'agrippaient l'un à l'autre en gémissant.

Elle le mordit quand il voulut l'embrasser.

D'abord la main dans le collant, pensa-t-il, la bouche pleine de sang. J'y suis presque. On y est presque, mon chou, c'est là. Si cette fille ne m'aime pas c'est que je n'ai rien compris.

— Nom de dieu, mais tu vois bien que t'en crèves d'envie !

Il se sentit soulevé du sol et retomba violemment sur le dos.

— Sauf que lui je l'aimais ! hurla Mona en attrapant la lampe-torche. Je l'aimais et je l'ai tué ! tué ! tué ! Et par trois fois elle le frappa sur la tête, à toute volée. Puis de son slip elle arracha la main inerte d'Emmanuel.

IX

Elle passa la journée dans les squares autour de la Bastille, et, le soir, se rendit à la gare de Lyon. Vingt minutes avant le départ du train pour Marseille, elle courut aux guichets se plaquer derrière une fille à cheveux blonds. Elle serrait l'argent dans son poing. Ne regarder personne. A son tour elle indiqua sa destination. Sa voix s'étranglait. Port-de-Bouc via Marseille. Seconde classe, oui. Sans réservation. Pas de réduction. Elle confirmait avec le menton. Règlement en espèces, oui. Elle ouvrit la main. L'épingle qui tenait les coupures entre elles avait rouillé. Les doigts gourds dérapaient sur la mini-tête de métal. La réalité vacilla, la gare lui parut immense et les gens dix fois plus grands qu'ils n'étaient, comme ils apparaissent, flasques et démesurés, après un évanouissement. Elle eut un murmure animal de peur et se ratatina, cherchant à briser l'épingle. L'homme du guichet la dévisageait, la démasquait, pressait un bouton d'appel, à mort la tueuse ! Elle arracha deux billets d'un coup sec et l'échange eut lieu. Mais à peine eut-elle fait demi-tour qu'un garçon l'appelait, rapportant la monnaie qu'elle oubliait. Le merci qu'elle souffla resta collé dans sa voix.

Elle s'enfuit vers les quais, trébucha sur un sac et tomba. Une gamine se pencha. Ça va, ça va, laisse-moi, dit Mona. Je te dis que ça va...

Il restait dix minutes avant le départ.

Elle alla se cacher sous la coquille insonorisée d'un téléphone et fit le numéro d'Emmanuel. Réponds je t'en supplie. Si tu m'as donnée, dis-le. Je t'en supplie réponds. Je ne sais pas ce qui m'a pris hier soir. Réponds.

Elle recommença : personne. Il y avait dix-huit unités sur sa carte. Elle appela Mme Tropini.

— Je pars maintenant. J'ai un billet. Je serai là demain matin.

Très loin, à peine audible, noyée dans les bruits de la gare, une voix répondit d'un même souffle qu'elle en avait marre de ses appels nocturnes et qu'il était urgent qu'elle aille à la police et qu'elle s'explique avant qu'ils ne fassent justice eux-mêmes, que chaque jour qui passait aggravait son cas, chaque minute et qu'elle allait finir par se recevoir une balle dans la peau.

— Je vous rappelle en arrivant, dit Mona.

— Non, ne m'appelez plus ! Plus jamais ! Fichez-moi la paix !

— Et la petite ? Elle est toujours là-bas ?

— J'ai dit : la paix !

— Allez la voir, je vous en prie !

Il restait cinq minutes.

Elle courut au quai 12 et marcha le long du train,

ne se décidant pas à choisir un wagon. Elle atteignit la motrice et continua jusqu'au bout du quai soudain balayé par le vent. La nuit semblait monter d'un gouffre signalé par un œil vert identique à celui d'une bouée. Elle redescendit vers les seconde classe, à contre-courant des voyageurs qui se dépêchaient et la bousculaient. Elle avait l'impression d'exposer en public sa photo grandeur nature. Elle était dévisagée, reconnue, montrée du doigt, elle rougissait. Et soudain par-dessus les têtes, elle vit s'avancer un homme imposant, très bien habillé, se hâtant comme à sa rencontre, un cartable noir à la main. L'être supérieur passa près d'elle à la frôler, personnage si familier qu'elle faillit saluer. Elle se retourna sur lui.

— C'est pas vrai, gémit-elle.

Le juge à quelques mètres. L'être supérieur qui couvrait tous les dossiers la concernant d'un avis négatif, toujours négatif, et lui répétait qu'il n'était pas son ennemi. Il était l'ennemi du mensonge. Il s'informait auprès du contrôleur. Cheveux bruns calamistrés, rasé de frais, il hochait la tête, acquiesçait, parlait comme à travers un glacis bleuâtre de savon sec. Elle pouvait presque entendre cette voix qui l'avait écrasée. Suffoquée, Mona le regarda monter à bord du train. Les voyageurs arrivaient toujours. Ils se pressaient autour du marchepied, réapparaissaient assis à la fenêtre, éclairés par une loupiote de chaumière, souriants, contents. Quand Mona s'approcha d'un wagon, voulant partir à tout prix, un nœud se fit dans sa poitrine. Elle retourna vers la gare. Elle titubait et s'obligeait à compter ses pas comme elle comptait les moutons, les nuits d'insomnie. Après quelques minutes elle s'arrêta, à bout de souffle. Elle était dans une salle de consignes automatiques. Sous les casiers blancs dormaient embarqués sur des radeaux de carton, de journaux, sur des sacs, les mains en guise d'oreiller, des gens recroquevillés comme des nouveau-nés. Elle se chercha une place au milieu d'eux. Elle se laissa tomber à côté d'une femme allongée les yeux ouverts. Elle ramena ses genoux sous son menton, rabattit son col sur ses joues, puis de sa veste elle fit une cagoule, un igloo. Elle embrassa fortement son corps qui tremblait. Ses doigts frigorifiés cherchaient du bien-être sous le coton du sweat. Elle ne bougea plus. Elle n'entendait rien que des ronflements assourdis. Elle voulait ne plus penser, n'avoir aucune image devant les yeux. Ni celle d'Emmanuel ivre mort se faisant passer pour une belle âme, ni le train qui partait ni le juge au wagon-restaurant, ses mains poilues sur la nappe blanche, la conscience à jamais limpide, et bien en mémoire ces longues peines qu'il avait l'honneur de requérir aux dépens des individus comme elle, des menteurs. Heureusement qu'elle l'avait vu sur le quai. Heureusement qu'il regardait trop haut pour la voir.

Elle avait beau se répéter qu'elle l'avait échappé belle, une sacrée veine ! les larmes entaillaient ses joues glacées. Le train filait, filait vers le sud, sans elle. Son esprit suivit d'un trait l'éclair brûlant des rails jusqu'à la mer où, jadis, elle rembobinait sa ligne au fond d'une anse où bruissaient les roseaux. Tiens, elle a pêché un poisson. Tiens, c'est une petite fille, elle ouvre les yeux. Elle est déjà toute jolie. On va l'appeler Eveline... Elle s'endormait en grelottant. Elle voulait être une femme, une mère, elle est cette chose en fuite. Elle a donné sa fille, elle a tué Tom, elle a tué la Mona qui suivait Tom au large et se laissait rouler par le remous des pétroliers aveugles, et regagnait la côte à la nuit, guidée par l'œil tournant du phare et par les torchères. C'est où là-bas ? C'est le sud. C'est là qu'il travaille, mon père ? Oui, sur la plate-forme. Ils sont isolés en mer. Ça y est, je la vois. Mais non, ça c'est les bouées. Elle voyait cligner des points rouges minuscules, comme des têtes d'épingles mouillées avec du sang. Au-delà brillait le fil d'horizon. Ça y est, je l'ai vue, Tom. Et ça tu l'as vu ? Et il l'embrassait, il l'aimait. La première fois, elle a cru mourir sur ses lèvres et tournoyer au fond de l'eau sans rien éprouver d'autre que le bonheur d'être à lui.

Elle sursaute, on la touche. Elle reconnaît cette gamine à barrette-coccinelle. C'est elle qui l'a aidée quand elle est tombée dans la gare. Si vite qu'elle baisse les yeux, Mona laisse échapper un regard.

— Qu'est-ce qu'il y a ?

— J'ai mon sac, là.

— Ton sac ?

— Derrière toi. Tu veux pas me taper le code ?

Elle essaie de remettre son corps d'aplomb, de respirer normalement. La vieille à côté se met à ronchonner.

— Tu pouvais pas le prendre avant ton sac ? Tu ne vois pas qu'on dort ?

— C'est quoi le code ? dit Mona.

Elle frappa les chiffres sur l'écran du casier. Et si les parents se pointent ? S'ils la voient toute fripée, les yeux cernés, bizarre avec sa veste d'homme des bois ? Qui c'est déjà, celle-là ? De quel droit elle tournicote autour de la petite ? On la connaît pourtant. Ce ne serait pas...

Elle dégagea le sac hors du casier.

— Dépêche-toi maintenant, vas-y.

— Tu m'aides à le mettre ? Toute seule j'y arrive pas.

Mona lui sangla sur les épaules et la poussa vers la sortie.

Après quelques mètres la petite se retourna pour la fixer des yeux. Elle lui rendait son regard de tout à l'heure. Elle y mettait cette insupportable application des enfants sûrs de leur instinct. Le regard échangé, Mona s'empourpra et baissa la tête.

Pelotonnée de nouveau, transie dans la canadienne, elle fit un rêve. Elle escaladait la haute cheminée du port pétrolier. Les échelons sont rouillés, le métal brûlant, le vent souffle dans les ténèbres. Elle veut arriver là-haut. Au sud il y a la plate-forme et ses longues pattes d'araignée plongées dans la mer. Levant la tête elle voit se tordre la flamme. Elle ne trouve plus d'échelon sous son pied, le vent glacé rabat le feu sur son visage, elle hurle.

— Ça va pas la tête ! fait la vieille à côté d'elle. C'est pas possible ici ! Merde à la fin !

— Excusez-moi, dit Mona.

— Après je me rendors plus.

— C'est un cauchemar.

— J'm'en doute. C'est pire les yeux ouverts. Maintenant ça suffit !

Et la vieille se mit à tousser d'une manière répugnante, de longues quintes coupées de sifflements. On aurait dit qu'elle expirait.

Quand elle se tut, Mona referma les yeux. Elle tremblait aux allées et venues dans le couloir, aux éclats des voix, aux rires. Le froid circulait à travers sa peau. Elle avait pitié d'elle-même et pitié d'Emmanuel qui l'avait forcément donnée. Comment ce play-boy pourrait-il lui manquer ? Ce coq en pâte ? Il était timide. Autant qu'elle. Moins timide il n'aurait pas attendu si longtemps pour se débarrasser d'elle. Les doigts entrelacés derrière la nuque, le front sur les genoux, à demi consciente, elle se balançait d'arrière en avant. Elle était de nouveau cette fille en boule, reléguée, dont le pouls scandait à longueur d'année : t'es ma vie, grenouille, t'es ma vie... A petits coups réguliers elle tapait du front sur ses genoux. C'était comme un mur tout rond qu'elle devait briser. Elle avait le temps. La totalité du temps. Et chaque fois qu'elle rouvrait les yeux, s'étant assoupie, elle s'effrayait de ne plus avoir contre les tympans le silence du pénitencier.

Elle entendit des cris et déboutonna son col. Trois types en justaucorps bleu, chacun tenant un chien-loup, faisaient lever les dormeurs qu'ils refoulaient vers la sortie.

— C'est pas vous qui avez froid, leur lança la femme à côté de Mona.

— C'est pas des grands froids, madame.

— Eh bien les petits froids, c'est les plus emmerdants.

Les vigiles arrivaient à la hauteur de Mona. Elle vit une fontaine de crocs briller dans la gueule d'une bête qui bavait et tirait à s'étrangler sur son collier. Elle se mit debout sans lever les yeux, quitta la salle et longea la galerie marchande où les maîtres-chiens patrouillaient, chassant les dormeurs des billetteries et des photomatons. Un peu partout des hommes hagards se rechaussaient et s'éloignaient vers les sorties. Une palpitation dorée baignait l'entrée des voies.

Comme elle franchissait le hall désert un homme la rattrapa. Montrant sa cigarette éteinte il lui demanda du feu.

— J'en ai pas.

— Et du pognon ?

— Du pognon ?

— Pour sauver ta peau, fit-il avec un clin d'œil.

— J'ai rien.

Le type avait dans les soixante ans, les yeux mobiles et brillants, un accent étranger.

— Où tu vas ?

Elle haussa les épaules.

— Allez viens.

Elle retraversa la gare et marcha sous les néons en veilleuse d'un interminable quai blanchâtre et venteux. Au bout l'homme descendit sur la voie et lui conseilla de ne pas traîner. A sa suite elle entra dans ce paysage de rails et de reflets jumeaux enchevêtrés qui serpentaient à l'infini. Un murmure océanique résonnait en continu sur cette immense toile d'araignée tendue comme à la surface d'une invisible mer. Mona trébuchait, repartait. Elle avait raté son train mais elle avait l'impression de s'y rendre, elle aussi, là-bas, où la nuit faisait scintiller comme un feu mourant. Poussée par le vent, elle se laisse aller vers la destination dont elle n'a jamais douté, où son être le plus secret lui dit qu'elle retournera comme le soleil retourne à l'ouest, à la fin du jour, et s'élève au zénith à l'heure du sud. Elle entend les voix de ceux qui ne l'ont ni condamnée ni jugée. Quels gens ? Elle verra bien. Ils bavardent sereinement devant leurs maisons en attendant qu'elle se montre sur la route. Et dès qu'elle apparaîtra, ils diront en hochant la tête : « Eh bien, la voilà... »

L'ombre d'un wagon flotta dans les ténèbres.

— On y est, dit l'homme en attrapant la main courante.

Quand Mona fut à l'intérieur, il referma la portière. De même il referma la porte à glissière du compartiment où ils s'installèrent. Une réverbération mouvante et bleue montait des voies.

Assis à la vitre en face de Mona, l'homme se carrait, en voyageur heureux d'occuper une place réservée depuis des mois. Il déplia la table entre eux, enflamma la mèche d'une lampe à pétrole et descendit le rideau jusqu'en bas. Il se méfiait des tireurs d'élite embusqués sur les toits autour de la gare. Il arrivait d'un pays où les cadavres gisaient dans les rues.

— Fais voir tes yeux ? dit-il en examinant Mona. Pas mal. Avant j'avais les mêmes.

Les gens bien ne manquaient pas dans son pays. Certains n'avaient plus à la bouche que le nom du militaire ennemi qui leur avait accordé la vie sauve, et pas seulement pour de l'argent. Par coquetterie. Pour entrer dans l'histoire. Pour que des humains épargnés rebattent les oreilles des psychiatres, et celles des experts, du récit des atrocités dont ils furent témoins. Moi par exemple, le jour de la rivière, tout mon village fut dépecé puis noyé par les soldats. Et je suis là. Et je me souviens du militaire auquel j'ai juré de ne pas oublier son nom. Il s'appelait... Comment s'appelait-il ?

— Tu le sais, toi ?

Il partagea les couverts, Mona la fourchette, lui le couteau pliant. Il alla remplir une bouteille d'eau sur la voie. A son retour ils dînèrent. Il parla d'un maître-chien né dans le même village que lui. « Le jour de la rivière, il avait eu la bonne idée d'être absent. On s'est retrouvés à Paris. Ça crée des liens. » Il le laissait aller et venir après le dernier train. Si demain elle était dans les parages il trouverait où la loger. Les wagons-lits étaient gardés, mais il avait ses entrées.

Il éteignit la lampe.

— Le premier train est à cinq heures. Ça fait une bonne nuit. Pas un bruit, pas une secousse, pas un clebs et pas un soldat. Comment s'appelait-il déjà ? Le colonel...

Il s'allongea de profil, la joue sur le sac, la tête vers le couloir. Mona voyait briller ses prunelles. Par moments il dépliait un bras entre les deux banquettes, serrait son poing et le ramenait contre lui.

— Crampe de clodo, gymnastique de clodo, soupira-t-il. Le squelette qui rouille. Vieux fusil, va. A l'hôpital, ils n'en croyaient pas leurs yeux quand ils ont vu les radios. Vous n'êtes pas raisonnable, monsieur. Toute l'année sur un coude et puis sur l'autre l'année d'après. C'est pas une vie. On ne peut rien faire de sérieux. Faudrait vous amputer. Ils ont mis des bandages autour des bras. Ça coûte pas cher à la société d'asile et moi je ne suis pas tenté d'aller voir en dessous pourquoi c'est tout bleu. Ils m'en voulaient. Votre vie c'est pas une vie. C'est quoi ? Faut dormir au chaud, monsieur, dans un lit. Vous entendez monsieur ? Rentrez chez vous maintenant.

Sa voix se faisait lente et feutrée. Le visage appuyé au carreau, Mona luttait contre le sommeil, parcourue de tressaillements et de crampes.

L'homme se redressa sur le coude.

— T'as peur pour ton pognon ?

— J'en ai pas, dit-elle en sursautant.

— T'en aurais ça changerait quoi ?

Sa tête retomba sur le sac. Il jura d'une petite voix qu'il ne sentait rien, rien du tout, toujours rien. Ça pouvait prendre du temps. Avec l'âge c'était plus long. Mais il tenait parole, il n'oubliait pas. Chaque jour, au moment de s'endormir, il revivait la même histoire instant par instant. Il était de nouveau le témoin payé de sa vie pour se rappeler. Et tant qu'il aurait le souffle aux lèvres, il ne dormirait pas sans payer son dû.

— L'officier nous tenait par les cheveux, mon frère et moi. Il m'a fait répéter son nom, son grade et sa religion. Il m'a fait jurer de ne pas oublier. Un serment c'est un serment. Ensuite il me dit : t'as l'argent pour ta peau ? Et je l'avais. Et pour ton frère, t'as l'argent ? Et je ne l'avais pas. Ma femme elle m'avait dit : plus un sou pour ce feignant. J'avais juré. Un serment c'est un serment. L'officier me montre les gens alignés sur la rive auxquels on est en train de déchirer leurs habits dans le dos. Tu seras le seul survivant. Grâce à toi l'histoire se souviendra. Les tribunaux nous jugeront, pendront, mais toi tu vivras. Tu viendras prononcer mon nom au pied du gibet. Regarde. Il m'a frappé gentiment du plat de la main derrière la nuque et j'ai tout vu. Et j'oublie rien. Pas un sou pour le feignant, qu'elle m'avait dit.

L'homme ramena son avant-bras contre lui.

— On est arrivés à Paris, ma femme et moi. J'étais guéri. Un soir je la prends dans mes bras et je la passe par-dessus le balcon, comme ça, sans lâcher. Je la tiens par les tifs à cinq étages au-dessus de la rue, ma poupée, d'une seule main. Je n'ai jamais été aussi fort de ma vie. Je lui dis : « Répète voir mon nom. » Et elle le répète. « Jure-moi de ne pas l'oublier. » Et elle jure. Un serment c'est un serment. Je lui dis : « tu as cinq secondes pour t'excuser ». Plus un mot, ma poupée. J'ai tenu jusqu'au bout, elle aussi. La main s'ouvre, et je la vois couler à pic, la robe en torche, et je la vois s'écraser comme un yaourt. On est descendus avec mon chien, et j'ai appelé la police. Elle m'a traité de menteur, la police. Elle était pressée de passer la nénette sur le trottoir, et qu'on n'en parle plus. J'ai rouspété. J'ai exigé la reconstitution des faits, les empreintes, les dessins à la craie, les psychiatres et la gratuité des soins pour les pensionnés de guerre. J'ai dit : regardez mon chien, il ne tient plus sur ses pattes, il a peur de moi. Il sait que le prochain ce sera lui. Ils m'ont fait des examens. Ils m'ont branché sur le secteur, un cercle de fer autour de la tête. Et ils m'ont jeté dehors. Innocent. Fabulateur. J'ai passé le chien par-dessus le balcon, j'ai fermé la porte à clé, j'ai descendu l'escalier. Au bout de la rue ça continuait. Je n'avais jamais remarqué. Je vais voir et ça recommence. Une autre rue. Je me pique au jeu des rues, ça prend du temps. Elles revenaient, s'embrouillaient. Et voilà où j'en suis. Le plus heureux des hommes après les coups durs. Y a toujours un hosto sur ma route où je peux faire changer mon bandage, où une petite qui n'a pas grand-chose en dessous la blouse elle dit : faut rentrer chez vous, monsieur. Faut dormir au chaud, faut pas avoir faim. On n'a pas idée d'avoir les bras bleus comme vous les avez. Faut pas perdre ses parents si jeune, c'est pas sérieux. Et votre femme, faut l'oublier maintenant, votre frère. Et le colonel aussi faut l'oublier. Ce n'est pas ça qui les fera revenir. Et puis c'est mauvais pour le cœur, ces chagrins. Vous les avez assez traînés... Voilà ce qu'elle dit. C'est beau, c'est vrai, c'est humain. Mais moi j'ai juré. Moi j'ai payé pour ma peau.

Il rouvrit les yeux et dit à voix haute et bien timbrée :

— Et toi ? T'as l'argent pour ta peau ?

Comme elle restait silencieuse il s'assit sur son séant et répéta plus doucement :

— T'as l'argent ?

Dans l'angle mort à côté de la fenêtre, la silhouette de Mona ne bougeait pas. Il ferma la bouche et, retenant son souffle, il se pencha par-dessus la table pour s'assurer qu'elle était bien endormie.

— Fais de beaux rêves, Mona Zigler, murmura-t-il.

Ensuite il la fouilla.

X

Le matin, quand il rouvrit les yeux dans la salle de bains des schnocks, Emmanuel avait un pansement sur la tête. Il portait son blouson de motard et ses bottes. Le réveil après l'accident. Il n'en revenait pas. Il s'étonnait presque de ne pas retrouver sa moto sens dessus dessous dans la baignoire. Il se redressa. Il se souvint alors d'avoir entrevu Mona les seins nus, en collants noirs, ici même... Et là s'arrêta la mémoire. Tandis que les deux mains cramponnées au lavabo il se rinçait le visage à l'eau froide, il entendit bêtifier une voix pâteuse : au chant du coq, les poulets. Cot cot cot les poulets. Si poulet vouloir interroger moi, moi parler. Moi les avoir vus, les gros lolos parfumés. Où sont-ils passés ? Introuvables. Envolés. Il alla contempler le chambard du salon, les fauteuils renversés, la glace en miettes devant la cheminée. Elle est partie, cette fois ! Pour de bon.

En descendant l'escalier, il se rappelait avoir quitté l'appartement dans un but précis. Mais quand il enfourcha sa moto, il avait tout oublié. La vitesse lui rafraîchit les idées. S'ils ne l'ont pas encore chopée, c'est pour bientôt. Tout à l'heure, ce soir, un car de flics pilera sous le nez d'une évadée retrouvée grâce à lui, le citoyen scrupuleux. Elle n'entendra pas les sommations. Ça rend sourd la perpétuité. Indifférent la trahison. Les flics la courseront dans les rues, dans les étages et sur les toits. Durant des heures elle mènera la course. A l'aube, à peine essoufflée, elle se retournera vers ses poursuivants pour leur demander si le sud c'est bien par là. Elle n'entendra pas la réponse, elle n'entendra pas les balles arriver, elle verra chavirer les étoiles. Et la chevrette meurt au point du jour, flinguée, les yeux ouverts comme jamais.

Cinq heures plus tard il arrivait à Port-de-Bouc, la ville de Mona. Il tourna dans les rues. Il vit beaucoup d'oiseaux blancs, des voiliers à l'hivernage épontillés sur un terre-plein, des palmiers jaunis par l'air salin. Une ville du sud aux balustres rouillés. Un vieux moustachu lui servit une omelette au comptoir d'un bistrot désert. Mona Zigler ? Aucune idée. Il n'y avait qu'un souvenir par ici. Celui du chantier naval. On trouvait encore le quai des agglos et deux trois monticules raclés par les mômes. L'après-midi, Emmanuel traîna sur le port. Joué par une gamine. Les plus beaux seins qu'il ait vus s'il n'a pas rêvé. Une fille qu'il avait l'impression de déshabiller rien qu'en mettant ses pas dans les siens, ses regards dans les paysages de son enfance, en la devançant au sud. Il n'a rien à lui dire en particulier. S'il la croise il n'est pas sûr de s'arrêter. On a sa fierté tout de même. Le sang battait dans son crâne, là où le métal avait ouvert le cuir chevelu. Avant de remonter à Paris il acheta des biscuits marseillais, des navettes. Elle devait aimer ça quand elle était môme. A deux heures du matin, il était sous les fenêtres des schnocks. De la rue, on voyait une lumière au premier étage. Il se précipita : personne. Chambard intact. La lampe du salon gisait tout allumée sur le tapis. Il mangea les biscuits.

Une fois encore, à la veille de partir en Asie, il erre dans cet appartement qui mêle indifféremment ses années d'enfance et le séjour de Mona. Tout promet qu'elle va rentrer. A la cuisine, des fleurs fanées dans un bol, de vraies fleurs violettes à bouton noir, un vrai parfum d'atomiseur. Du café dans la théière. *Le Parisien.* Au réfrigérateur, des pommes, des yaourts, un pot de rillettes presque vide, le modèle campagnard, riche en calories, de la confiture de groseille et du miel. Elle a bon appétit l'air de rien. Sur le rayon supérieur du buffet, une pleine assiette de coquillettes sous un velours de moisi. Elle avait dû la planquer un jour qu'il l'avait surprise à table. La planquer et l'oublier. En quatre mois il ne l'avait jamais vue manger. Il remarquait seulement quand elle maigrissait ou prenait du poids.

Dans la chambre, sous l'oreiller, un couteau de cuisine. La pauvre, elle a peur du noir. Comme lui. C'est humain. C'est ainsi depuis que le premier chasseur de mammouth lécha sa main blessée. Tuer pour n'être pas tué. Qui n'en fait pas autant. Il ouvre l'armoire à deux battants. Vide, le tiroir du bas, un carré de feutre punaisé là où l'on pouvait espérer le froufrou d'une lingerie subtile et parfumée. Sur les cintres : des pantalons d'homme, le smoking de son père mangé aux mites, un ruban rose de teinturier à la boutonnière. Pourquoi le secrétaire béant ? Elle cherchait la cagnotte oubliée, pardi. Il a cherché aussi. Que dalle. Avec les vieux on est toujours déçu. Et là, par terre, à côté du téléphone ? Un mégot fiché dans la pulpe d'un demi-citron. Empreinte rose autour du filtre. On fume ? On se maquille ? Il n'a rien remarqué. Il a pourtant l'œil. Il pensait qu'elle se rougissait la bouche en la frottant. Dans la salle de bains, du linge trempait au fond de la baignoire. Le tuyau de la douche manquait. Elle se lavait comment ? A genoux, elle s'aspergeait. Il ouvrit les robinets, regarda le jet miroiter, se ternir et fumer au son d'un chauffe-eau mal réglé. Il l'imagina barbotant nue, le dos tourné, des luisances de shampooing sur les reins, là où la chair s'arrondit et dessine entre les fossettes un vol d'oiseau puissant. Il a eu peur ? Oui. De la prison ? Oui. La jalousie, les remords le déchiraient. De vivre ? Oui. De l'aimer.

Il arrêta les robinets et plongeant la main dans l'eau savonneuse, il tint à deux doigts un soutien-gorge blanc. Entre les bonnets une mini-rosette de satin rubis mettait comme une goutte de sang. Sur le rebord en émail, une plaquette de pilules contraceptives. Vendredi. C'était quand ? Il y a trois jours. Il fit tinter les boules blanches à son oreille, un drelin de hochet, puis il écrasa la plaquette dans son poing. Petite putain sanguinaire ! Qui voyait-elle en dehors de lui ? A qui faisait-elle écouter son brame ? Un jean séchait sur le fil, jambes pendantes, à côté d'un sweat noir crucifié. De la mini-poche, à la ceinture, il retira tout humide un morceau de buvard entourant une pièce de dix francs. Pas un morceau de buvard : un ticket de bus où se détachait un numéro commençant par un 16. Voilà, tout s'explique. Elle baise ailleurs. Cet enculé va entendre causer du pays !

— On se présente quand on appelle à quatre heures du matin, vociféra une mégère, à peine eut-il frappé le dernier chiffre sur le cadran.

Assis par terre au milieu du salon, le téléphone entre les jambes, il regardait pendre les rideaux arrachés.

— J'ai trouvé votre numéro dans un sac à main perdu.

— C'est une raison pour appeler la nuit ? Quel sac à main ? Qui êtes-vous ?

— Gérard Abaritas, îlotier à Montrouge...

Il voulait simplement rendre service et restituer un objet perdu.

— Vous vous fichez de moi ? Ilotier de mes deux ! Depuis quand ça téléphone la nuit, les îlotiers ? Qu'est-ce que vous voulez ? Attendez, je vais noter votre nom.

Qui se fiche de qui ? Il ne l'a pas inventé ce numéro !

— Je pensais qu'il y avait un lien avec la personne recherchée.

— Quelle personne recherchée ? fait une voix soupçonneuse.

— Mona Zigler. Vous ne seriez pas sa mère, par hasard ?

Après un court silence :

— Sa mère ! hurla la femme. Sa mère !

Et ce cri lançait une telle rage à travers le téléphone qu'Emmanuel raccrocha d'une main tremblante. Cette poissarde n'est pas la mère et n'en éprouve aucune envie.

Il serrait toujours dans son poing la plaquette de pilules. Il ricana. Etre né pour des raisons bassement catholiques à l'époque où la nature commandait ! Sa mère avait-elle assez répété qu'elle ne voulait pas d'enfant. Que sa grossesse avait été un cauchemar. Et la pilule, bordel ? Les capotes ? Il ne pouvait pas mettre un chapeau, l'ancien ? Il jeta la plaquette à travers la pièce et partit donner suite à l'idée qu'il avait eue dès le premier soir en voyant Mona poser entre deux flics à la télé. Il remplaça la serrure de l'entrée par la vieille serrure dont elle n'avait pas la clé. On n'est jamais trop prudent avec ce genre d'oiseau. Où on va ? Au sud. Mais où ? Une île. C'est loin ? Pas tellement. Il y a assez d'essence ? Pour l'instant oui. Ça dépend du vent. Autour d'eux le ciel est d'un bleu duveteux, la mer infinie. Il ne pleuvra pas aujourd'hui. C'est quoi ce truc ? Un aéronef. Et l'île ? C'est nous.

Endormi dans l'entrée, un tournevis entre les doigts, Emmanuel emmenait Mona au bout du monde à bord d'un avion volé.

XI

Le taxi roulait quai de Valmy. Penché sur le siège avant, Emmanuel expliquait au chauffeur, un débutant, comment se dégager du quartier, toujours embouteillé vers les portes, et comment se rendre ensuite à l'aéroport sans fioritures. Il paierait les amendes, il paierait les radars et tous les pots cassés. A vous de jouer, mon vieux. Si l'on arrivait dans les délais, il réglerait le double de la somme affichée au compteur. Il réglerait le triple si, pour un soir, on pouvait oublier les a priori de l'automobiliste sobre à la vue du feu quand il passe au rouge. Autrement dit, fissa ! Et voilà déjà cinq cents francs d'encouragement. « Je ne vous parle plus. Mettez la gomme... » Sur ces mots il ouvrit la portière et somma le chauffeur de s'arrêter.

Surpris en pleine accélération, ce dernier cessa d'écraser le champignon pour écraser la pédale de frein. Le taxi chassa de l'arrière, se déporta sur la droite et, de traviole, s'immobilisa.

— La valise ! lança le chauffeur par la vitre en voyant Emmanuel détaler.

— Gardez-la ! cria celui-ci dans l'obscurité.

C'était bien Mona qu'il avait aperçue par la vitre. Elle marchait au bord du canal de son pas élastique un peu titubant, l'air aussi largué qu'au premier jour.

— Mona !

Elle parut ne pas entendre. Elle allait croiser Emmanuel sans le voir. Il dut s'approcher d'elle et lui toucher l'épaule pour qu'elle tournât la tête. Et ce fut la même apparition qu'au mois de septembre, le même trouble. Entre-temps le soleil s'était couché.

— Mais qu'est-ce que tu fous, bredouilla-t-il. Où t'étais passée ?

Elle le cloua d'un regard triste et bienveillant.

— On m'a tout volé. Je te cherchais.

— T'as l'air ! T'es bigleuse ou quoi ? Qu'est-ce que tu veux ? Du fric ?

Elle ne cilla pas sous l'injure.

— Emmanuel, tu m'as donnée, dit-elle entre haut et bas.

Le souffle coupé, il ne trouva aucune réponse. Par deux fois le commissaire l'avait appelé aujourd'hui. Tout va bien ? Pas de menaces ? Pas d'avenant à la première déposition ? En votre absence nous passerons à vos bureaux. Et donnez de vos nouvelles, on pourrait se faire des idées. La sèche ironie du flic excusé d'avance et grossier tant qu'il veut.

— Donnée, moi, tu m'as regardé ? T'es complètement fêlée, ma vieille ! Tu ne sais plus quoi inventer.

Il bafouillait et prenait dans l'ombre un air scandalisé.

— Emmanuel, tu m'as donnée.

Les mots n'accusaient pas, ne reprochaient rien. Ils invitaient seulement à répondre oui, cent fois oui. Pas un amoureux n'a fait ça. Moi oui. Crois-moi si tu veux, Mona, j'ai prévenu les flics, j'ai tout dit, j'avais peur. J'en ai rajouté pour les amadouer. Je n'en pouvais plus. Au lieu de quoi, les yeux fuyants, la voix mauvaise, il commençait à l'injurier sourdement.

— Qu'est-ce que tu viens m'emmerder ! Tu te rends compte de ce que tu dis ? Tu veux que je t'y amène, aux flics ? Tu veux que je porte plainte ? C'est pas toi qui m'as bastonné, sans doute ? C'est pas toi qui m'as rendu fou ? Où tu serais sans moi ? Tu serais pute. Et pas dans un quartier chic. N'importe quel clodo te boufferait le cul pour un sandwich. D'ailleurs d'où tu sors ? Ne réponds pas surtout. Alors s'il te plaît, pas d'histoires. On sait bien que vous ne respectez rien, les taulards. On vous connaît. Vous êtes des petits saints, c'est nous les pourris. Va te regarder dans une glace, vas-y. Et reviens me dire ce que t'as vu si t'as du cran. D'ailleurs non, ne reviens pas.

Les mots lui restaient dans la gorge. Il n'avait rien à dire. Il n'arrivait pas à faire éclater la fureur d'un homme dûment révolté.

— Emmanuel, dit Mona sans élever la voix, tu m'as donnée.

Il en eut des frissons par tout le corps.

— Ta gueule Mona ! lança-t-il entre ses dents. Arrête avec ça. Ferme-la ! Si je t'avais donnée tu ne serais pas là. T'as l'air défoncée, ma vieille. C'est comme ça qu'ils te paient, les clodos ? Maintenant fous le camp d'ici.

— Pourquoi tu ne m'arrêtes pas ?

Il se faisait violence pour ne pas la rouer de coups. Il jetait des regards apeurés sur les autos qui ralentissaient au feu. Il était à la merci d'une patrouille et presque aussi fiché qu'elle à l'heure qu'il était. Les amabilités du commissaire, il savait qu'en penser. C'est fini, Mona, terminé. Une taularde aux abois, stupide, sournoise, insupportable avec son manteau d'indigente et cette gueule éternellement barbouillée de misère. La race des abrutis étalés sur la voie publique, séniles à force de quémander et d'exhiber leur mouise. Mais qu'on les foute en taule, tous, s'ils ne sont pas contents.

— Je ne veux plus te voir rôder dans le coin.

— Rôder !

— Fous-toi de ma gueule...

Elle n'était pas là par hasard. Elle attendait tranquillement son départ en Asie pour se réinstaller. Heureusement qu'il avait changé la serrure de l'apparte. Moins une, on la cueillait chez ses parents.

— Alors tu te casses, oui !

Elle s'assit au bord du quai sur le banc, là où les chalands venus des Pays-Bas s'amarraient l'été.

— De quoi t'as peur Emmanuel ?

Il cria :

— Moi peur ? Moi ? Si quelqu'un a peur ici...

— C'est toi.

A ces mots, il se retourna vers la rue. Qu'un îlotier les surprenne à flirter sous les platanes, la meurtrière et lui. Attrapant Mona par les revers de la canadienne, il voulut la soulever et la mettre sur ses pieds.

— Et ta fille, espèce de loque ?

Il ressentit dans les bras la secousse qui la traversait. Mona retomba lourdement sur le banc face au canal. Elle avait dû se faire mal. Sa jupe était remontée, la chair brillait au-dessus des genoux. Qu'elle était jolie, comme elle lui semblait proche. Jamais il ne pourrait se passer d'elle. Avançant la main, il effleura la longue nuque évasée couleur ivoire.

— Reste pas là, Mona, t'es frigorifiée. Je t'en supplie, vas-y. Y a l'appartement si tu es fatiguée. On se voit à mon retour. Vas-y maintenant.

Il posa son autre main sur l'épaule de Mona, ses deux mains descendirent le long du cou dans son tee-shirt.

— Et les papiers volés, gémit-il, qu'est-ce que t'en as foutu ? Et tout ce bordel que t'as semé dans ma vie ! C'est toi qui m'as trahi.

Il se dégagea brutalement, prit des billets dans sa poche et les lui jeta sur les genoux.

— C'est des dollars, j'ai rien d'autre. C'est facile à changer. Avec ça t'es tranquille un moment, salut !

Et faisant demi-tour il partit comme s'il fuyait.

Vingt heures quinze. Il pouvait encore attraper son avion. Il traversa la passerelle avec l'intention de héler un taxi quai de Jemmapes. Il était bon pour se racheter fringues et valise. Au milieu du pont, penché par-dessus la rambarde, il vit Mona dans le tournant du canal. Elle était toujours là. Debout, maintenant, immobile au bord de l'eau qu'elle paraissait contempler. Des reflets jouaient sur les jambes nues. Et les collants ? Chez qui tu les as laissés ? Dans quel pieu ? Attends voir un peu, quand tu vas essayer d'entrer là-haut, quand tu vas tourner la clé. Il faillit crier, les mains en porte-voix : « Oui les flics sont après toi ! Oui c'est moi qui t'ai donnée ! Oui je ne pense qu'à ton cul !... »

Parvenu sur la berge, il se retourna vers le bassin. Avec tous ces arbres, on ne voyait rien. Il s'approcha du bord. Il n'y avait personne en face. Le réverbère inondait un quai désert. Elle est où ? A ses pieds, le ciel doré brillait dans l'eau noire. C'était l'une de ces nuits froides où les étoiles descendaient au fond du canal. Il marcha vers l'écluse invisible sous les platanes. Des remous livides faisaient dinguer les plaques de gel contre les portes fermées, les trop-pleins retombaient en étincelant. Un bain pareil, évidemment, ça vous guérit de n'importe quoi. De la perpétuité comme des salauds. Il osait à peine regarder. Elle n'aurait pas fait ça. Il aurait entendu un bruit. Pas sûr. Et même ! Est-ce qu'il plongeait ? Est-ce qu'il regardait sombrer dans une onde à zéro degré la femme de sa vie ? Vingt heures quarante. C'est loupé, l'Asie, ce soir. Mal à l'aise, il alla chez ses parents.

Au bout du corridor il vit Mona roupillant devant la porte des schnocks, affalée sous le scoubidou rose de l'ancienne clé. Et lui, pauvre jeandouille ! il fond d'attendrissement. C'est maintenant qu'il s'invente une âme de sauveteur et l'arrache à l'eau glacée. Il ne va pas la déposer dans un couffin sur les marches du commissariat. Il ne l'amène pas à la fourrière. Il ouvre la porte et lui dit qu'il est désolé pour la clé. Elle sera mieux sur le lit du fond. Elle s'y jette à plat ventre, les baskets aux pieds. Il la déchausse et va coucher sur le canapé du salon. Il n'est pas plus malheureux que ça.

Quatre nuits qu'il dort là. Quatre nuits qu'il veut l'aimer. Lui passer le plus noir des savons.

Tandis qu'il s'engourdissait, il éprouva l'immensité du silence autour de lui. Le temps allait s'arrêter. La dernière seconde s'étira par-dessus les âges avec la souplesse du caramel chaud. Une jarre éclata sur des pierres acérées, sans bruit, mais aucune main ne ramassa les débris pareils à ceux d'un crâne humain. En s'évaporant l'eau dessine un lézard. Elle brille et sèche, le sombre s'amenuise à vue d'œil et disparaît. Un hurlement proche soulève le cœur d'Emmanuel.

Il se redressa comme un pantin, fou d'inquiétude, abasourdi, le sang fouetté par la vie.

A poil sous le pardessus du vioque, il courut à la chambre. Hé merde ! s'exclama-t-il à la vue du lit chamboulé, déserté. Elle avait dû faire une connerie, se gargariser avec des ciseaux. Il allait d'une pièce à l'autre en criant Mona ! Mona ! Il se cognait, claquait les portes et gueulait, se foutant pas mal des voisins et des flics. Devant la salle de bains il eut aux pieds une sensation de marée basse au mont Saint-Michel. La moquette, une éponge. Il dut traverser un brouillard de chaleur pour atteindre le fil de fer du vasistas. Mona gisait endormie dans un bain qui vaguait sous les robinets ouverts. Les épaules émergeaient, plus menues qu'il l'imaginait, plus dorées. Le reste du corps baignait dans une eau voilée par la buée.

— Oh le travail ! dit-il en coupant les robinets.

A ces mots elle entrouvrit les paupières, ses lèvres rosirent, une fossette creusa la joue gauche où perlaient de fines gouttes de sueur, elle eut douze ans. Sur une plainte légère elle referma les yeux, retrouva son visage de fugueuse à bout d'angoisse, la bouche à fleur d'eau.

Il remonta ses manches et la souleva, lourde et frêle, amaigrie, bel animal qui ne mange plus à sa faim. Il la ramena trempée sur le lit des schnocks et la recouvrit du peignoir. Et pour une raison qui n'était pas à son honneur, la mort dans l'âme, il repoussa la tentation d'allumer la lumière et de regarder nue la fille qu'il aimait.

Il ne dort pas. Epuisé, priapique, le manteau sur les épaules, Emmanuel fume assis en tailleur, dos au canapé. La cendre tombe au petit bonheur, tantôt dans le casque toilé du vieux, tantôt sur le tapis fusillé de points noirs. Il attend l'aube en fixant des yeux la lampe sur le phono. Un pétale de bronze, une ampoule fumée qui satellise deux ronds lumineux. Le plus clair, à l'extérieur, séparé du plus foncé par un cercle d'obscurité, semble fourmiller. Le regard d'Emmanuel s'arrête au bord de la nuit. C'est une fièvre, la nuit. Elle monte au premier geste suspect, délire et fait apparaître Mona, dans la pièce à côté, et le rassied, lui, sur le tabouret d'un commissariat dont il donnerait des années de vie pour l'avoir rêvé. Il attend que la nuit soit demain, que maintenant soit tout à l'heure, que le caramel s'étire. Le lendemain final approche. Encore cinq milliards d'années et des poussières, beaucoup de poussières. Nul ne sera là pour le cocher sur les tables ou seulement s'aviser qu'il a lieu. A cette époque, la dernière de toutes, au-delà du genre humain, le satellite absorbé par l'étoile est grillé jusqu'au premier souvenir de toute humanité. La mer bout, le feu submerge les volcans éteints. La terre chavire à l'intérieur du soleil, la vieille ogresse devient rejetone et fœtus, calcinée dans le ventre même de la lumière originelle. C'est l'ère ultime de la géante rouge, la fin. Plus un seul vagin pour humecter les nouveau-nés glissant du paradis, plus de nouveau-nés, adieu paradis. Cinq milliards d'années ! Une paille au sein du caramel fondu. Entre-temps la loi va faire de lui quelqu'un. Pas sûr qu'au change il soit gagnant. Bien fait ! Quand il n'était personne, quand il se bornait à séduire les mères de famille, c'était pas mieux ? L'épuisement lui ferme les yeux, il se voit planer comme un nageur sur le corps de Mona. Elle ouvre les jambes avec lenteur et les remonte en vallée de part et d'autre du ventre gonflé. Elle accouche d'une fille entre les mains d'un homme qui lui demande pardon. Il se frotte les mains dans l'eau et dans le sang de la matrice retournée. Il n'est plus un être maudit ployé sous le fardeau d'une enfance mal-aimée.

La douleur le fit tressaillir, il sursauta. Bordel de clope ! ça vous mord comme les petits chiens élevés pour sucer les vieilles. D'une pichenette il se débarrassa du mégot à travers la pièce. Il avait des anneaux plein les yeux à force de fixer l'ampoule. Il se frotta les paupières. Debout à l'entrée du salon, Mona l'observait. Depuis quand ? Elle avait une expression lasse et résignée. Une main dépassait entre les plis du peignoir et le maintenait fermé. Il baissa la tête en entendant ses pas. Il vit ses pieds, ses chevilles.

— Je t'ai sortie du bain, ça débordait, fit-il d'un ton sceptique. Et je t'ai recouchée.

Elle était en face de lui, patiente, effacée, vaincue, la tête inclinée sur l'épaule, et d'une immobilité qui l'effrayait. Elle était déjà en cellule, enveloppée d'oubli. Il se mordit les lèvres.

— Pourquoi tu t'es levée ?

Il sentait un regard bienveillant peser sur lui.

— C'est pas moi Mona, fit-il en hochant la tête. C'est pas moi qui t'ai donnée.

Il ralluma une cigarette. Des clopes à la menthe. Un paquet retrouvé dans un tiroir de la cuisine. Sa mère les fumait au kilomètre. Elles n'avaient aucun goût. Elles occupaient les doigts, détournaient la pensée.

— Je ne peux pas croire que c'est moi, souffla-t-il, d'ailleurs non.

— J'irai demain, dit Mona d'un ton soumis. La nuit, ils sont bornés. Tu m'as sauvée des dizaines de fois. Le reste...

— ... est à gerber ! Le type qui t'a donnée, je lui crache à la gueule ! Un jour je le tuerai.

— Tu as eu peur, Emmanuel.

— Un fumier, oui ! Le dernier des salauds. J'aurai sa peau.

Elle vint s'agenouiller en face de lui, un sourire un peu triste aux lèvres. Il l'entendait respirer.

— Tu te rends compte, Emmanuel. Je suis venue à Paris sans le vouloir, après m'être évadée sans l'avoir cherché, et je n'ai pas été fichue d'aller là-bas, même un jour, même une minute, et je ne voulais rien d'autre. On m'attendait pourtant.

— A cause de moi, répétait-il les mains sur les yeux, de moi seul.

Entre ses doigts il regardait Mona et voyait déjà les menottes enchaîner ses poignets. C'était lui qui l'enchaînait. Et dans la volupté d'une insomnie qui les rapprochait pour la dernière fois, malgré la honte, il respirait les effluves d'une peau qui l'avaient grisé dès la première seconde et son sang se révoltait. Il ne voulait pas la perdre. Il l'aimait.

— Emmanuel...

Levant la tête, il vit le regard de Mona, vit briller sa chance comme il ne l'avait vue briller dans aucun miroir et comme il ne pouvait la soupçonner.

— Mona, dit-il la gorge nouée, c'est moi que j'ai donné. Un drôle de type. Je ne pensais pas si mal le connaître. Je n'avais pas grande estime pour lui, mais ça non, je n'aurais pas cru qu'il irait jusque-là. Il a fallu que tu tombes sur lui, c'est pas de bol. Ils vont forcément vouloir l'arrêter. J'espère qu'on ne lui fera pas de cadeau.

Il s'animait en parlant.

— Mais toi je ne veux pas qu'ils t'aient. Et ils ne t'auront pas. Je vivrai pour ça. Ton sud, je ne sais pas où il est, mais on va y aller tous les deux. Et je te jure qu'on y arrivera. Que tu verras ta môme. Et je te jure que je ne peux pas rêver mieux.

Elle se tenait penchée, ne montrant plus que de longs sourcils noirs. Il se demanda quelle hantise la reprenait. Puis il entendit un soupir de capitulation. Sans un regard elle approcha son visage du sien, et des lèvres tièdes appuyèrent des baisers délicats, précautionneux, sur son front, ses paupières, sa bouche, semblant effacer un à un des points douloureux. Quand elle passa les bras autour de son cou, le peignoir glissa des épaules de Mona. Elle frissonna. Dans la pénombre ses yeux miroitèrent, encore plus grands, plus brillants.

— C'est pas vrai, gémit Emmanuel en hochant la tête à la vue du corps nu. Et maladroitement il prit dans ses mains les seins mouillés de larmes.

DEUXIÈME PARTIE

I

Il était six heures du matin quand la gardienne engagea sa 4L sur le ruban goudronné qui reliait la nationale au pénitencier des femmes, une route en chicane interdite aux flâneurs. Des panneaux signalaient une zone à circulation réglementée. Que voyaient les routards sacrilèges avant d'être arrêtés ? Battu d'herbes et de fleurs mêlées, un grillage zingué tenu par des poteaux de béton, un rempart symbolique. A ce jour le symbole avait éloigné les mauvais plaisants. Pas d'accroc dans les mailles zinguées, intactes depuis dix ans qu'elles quadrillaient la lumière autour de la centrale, sous une frise de barbelés électrifiés, distinguant dans un milieu naturellement continu l'air libre et la détention. Seuls les oiseaux ne faisaient pas la différence.

A travers les mailles et les herbes jamais coupées apparaissait une bâtisse aux lignes sobres, aux angles saillants, dont les tons pastel épousaient au mieux les coloris changeants des saisons et des heures : aurore, zénith ou couchant. Entre ses miradors en forme de champignons, la prison se détachait sur le ciel avec le merveilleux d'un parc d'attractions. Manquait assis sur le toit, dominant les environs, un Mickey de fibrociment levant sa main gantée de blanc dans un geste mélancolique de bienvenue.

Une note de la directrice attendait la gardienne à son bureau. Prière de passer la voir sitôt arrivée. Rien que d'habituel. Elle ira quand elle aura le temps. Le boulot d'abord : relève, tournée des bâtiments, propreté, sécurité, punitions, réunion des surveillantes. Une légère angoisse l'accompagnait au long des couloirs où ses pas remettaient l'heure en mouvement, où ses mots faisaient loi. Elle avait l'impression de fuir, ce matin, de monter et descendre non pas des escaliers mais des échelles d'incendie, de chercher fébrilement la sortie d'un labyrinthe. On étouffait dans ces boyaux. Quand on l'arrêtera, on lui prendra sa montre et ses clés. Elle aura son nom dans le journal du coin. L'enfermeuse enfermée. Elle s'en fiche. A part une cousine âgée, bibliothécaire à Bastia, elle n'a plus de famille à déshonorer.

Chez les longues peines, elle ouvrit la cellule 207 et, pour la première fois, daigna saluer la nouvelle détenue, une grand-mère à cheveux blancs d'origine russe, haïe par les filles, convaincue d'anthropophagie.

— Ça va ?

— Couci-couça, répondit la vieille, lèvres rabattues à l'intérieur de la bouche. Fait chaud !...

Elle finit par aller chez la directrice. Elle plongea son regard dans les yeux pâles et réticents et fut presque rassurée. Elle ne sait rien. Elle me soupçonne à tout hasard. Par acquit de conscience. Pour un peu, c'est à moi qu'elle demanderait la raison. La 207, madame la directrice, la 207, Mona Zigler.

Ayant dit bonjour elle attaqua bille en tête, de cette voix qui n'avait pas de temps à perdre en civilités.

— Le thermostat principal de la chaudière est en panne. L'entreprise envoie des techniciens dans la matinée.

— Veillez à l'accréditation.

La gardienne battit des paupières.

— C'est réglé. La ventilation ne marche plus. Il fait trente et un degrés dans les cellules.

Plus la directrice parle bas, plus elle parle fort. Elle aime corner dans les oreilles de sa chef, une femme à qui la vie du pénitencier ne parvient qu'adoucie, feutrée, sous forme de problèmes déjà résolus.

— Ensuite ?

Elles sont assises en vis-à-vis, séparées par le bureau. Elles se sourient à la chinoise. C'est à qui dérobera ses pensées à l'autre, à qui chaque jour aura le dessus. La lumière est bleue dans la vitre blindée.

— L'avocat de la 8 n'arrête pas d'appeler.

— Un gommeux celui-là ! Je ne veux pas le voir chez nous. A partir d'aujourd'hui sa cliente est souffrante. Prévenez le contrôle. S'il veut la tringler, sa petite voleuse toxicomane, il n'a qu'à l'attendre sur le parking le jour de la sortie. C'est l'affaire de quelques mois. Ça n'en sera que meilleur.

— Ils vont porter plainte.

La directrice étira ses lèvres fines, presque jolies, toujours mouillées de salive.

— Et alors ? Ça les occupe. Ça fouette le sang. Ça fait des prestations à facturer. Chacun y trouve son compte.

Les fadaises habituelles, pense la gardienne impatiente de sortir. En général, elle est rapidement congédiée, d'un simple regard qui signifie : cessez donc d'être en face de moi.

Et voilà que la fourberie se peint sur le visage de la directrice.

— Vous vous rappelez la 207 ?

Tout arrive, se dit Mme Tropini. Un éblouissement lui ferme les yeux. Elle voit danser des vers luisants, n'entend plus rien.

— Comment ça la 207 ?

La directrice se penche en avant, complice :

— Pas le cordon-bleu qui passe au hachoir son petit-fils pour le servir à sa fille et à son gendre un jour de fête des mères, non non, pas la moujik. Vous ne voyez pas de qui je veux parler ?

— Mona Zigler, reconnaît la gardienne et sa voix reste en l'air. Elle a jeté les mots à travers mille autres pensées qui sèment l'effroi dans ses nerfs.

— Vous l'aimiez bien.

— Façon de parler.

— Ça ne lui a pas porté chance.

Alors, minaudant, presque gênée d'annoncer une aussi bonne nouvelle, la directrice murmura :

— On l'a retrouvée.

La gardienne se raidit :

— Retrouvée, dites-vous ?

— Retrouvée.

— Ben mon neveu ! fait-elle au bord du malaise et son cœur se met à battre lourdement.

La vérité c'est qu'elle est fatiguée. A bientôt soixante ans elle n'attend plus rien. Ses yeux ont lu trop de rapports, ses mains tourné trop de clés, ses oreilles écouté trop d'histoires et trop de cris au milieu du silence, elle a trop marché la nuit devant les portes numérotées avec l'impression qu'elle était le seul être vivant sur la terre et que tout ça, derrière les verrous, n'était pas très humain ni vraiment digne d'exister. Tout ça n'existait pas. Elle a vécu des galons sur les épaules. Elle est qui, sans les galons ? Que pense-t-elle au fond d'elle-même, là où tout individu, paraît-il, forge l'intime conviction d'un esprit libre ? Elle ne sait pas, elle est fatiguée. Retrouvée, la 207. Et si jamais elle se trompait sur elle ? Si jamais elle méritait bien sa deuxième perpétuité ? Si c'était pas un accident, le fourgon ? Les plongeurs de la police n'ont-ils pas ramassé, posées sur le sable, au fond de la mer, les menottes de la détenue : ouvertes !...

— Retrouvée à Paris, répète la directrice pour abréger la stupeur de la la gardienne.

— A Paris, la 207...

— Et vous savez comment ?

— Et comment je le saurais ?

— Dénonciation, dit l'autre comme si la chose allait de soi. Elles sont naïves. Elles vont toujours à Paris lécher les vitrines et se chercher un jules à pognon. Mais un jules à pognon, quand il estime en avoir eu pour son argent, qu'est-ce qu'il fait ?

Elle leva son menton dans l'attente d'une réponse. La gardienne n'écoutait pas. Elle est allée deux fois à

Paris. La deuxième elle s'est promis de ne jamais y retourner. La 207, à Paris ? Incroyable. Une fille qui passait son temps à regarder la mer, à compter les poissons.

— Ben mon neveu ! C'est grand là-bas.

— C'est très bavard. Le jules à pognon va pleurnicher dans le giron des flics. Il s'appelle Emmanuel Ax.

Elle hocha la tête :

— Emmanuel Ax, prononça-t-elle à nouveau, plus fort, savourant la diction d'un patronyme aussi métallique. Paraît qu'il était intarissable.

La gardienne a mal dans la poitrine. Elle contemple au mur l'immense photo de la prison vue d'avion par grand soleil, comme une publicité d'hôtel de luxe. Elle a honte, elle ignore de quoi. Complice d'une perpète en cavale, ça doit salement douiller pour une gardienne en chef.

— On nous la ramène quand ?

— On ne nous la ramène pas. C'est elle qui vient chez nous.

— Allons bon ! admet-elle, et elle se retient de fermer les yeux. Quelle chance elle a la directrice. Elle n'est jamais seule, elle a sa prison. Elle y croit comme la mère à l'enfant, si laid soit-il.

— A moins qu'on ne la reprenne entre-temps. Elle a une fille dans la région, comme vous le savez. C'est un but quand on n'en a plus aucun. Vous les connaissez. Elles font un crime et après ce sont des anges, des mamans modèles. Mais un gosse n'est pas un bouclier pour se protéger des lois. Après le jules à pognon, l'enfant délaissé, c'est classique. On se raccroche à ce qu'on peut. La 207 comme les autres. C'est pourquoi l'administration fait appel à vous.

Sous le regard stupéfait de la gardienne, la directrice eut un sourire triomphant. Dans sa bouche l'or d'une couronne étincela.

— Pourquoi moi ?

La directrice, l'air peiné, formula l'évidence :

— Parce que je vous le demande, madame Tropini, tout simplement.

Elle regarda ses mains, semblant parler à ses ongles. Sa bouche avait une minceur de fil. Sa voix était pétrie de solennité.

— Entre nous, madame Tropini, qui la connaît mieux que vous, la 207 ? Personne. J'ai donc pris sur moi de proposer votre aide, et bien sûr la mienne, à l'administration judiciaire. Ils la cherchent à Paris : très bien. Mais c'est à Port-de-Bouc qu'il faut installer la souricière. C'est là qu'ils la prendront. Vous me suivez ?

La gardienne ne pâlit pas, son visage devint terreux, ses épaules s'affaissèrent.

— Oui, souffla-t-elle.

— Je peux compter sur vous ?

— Oui.

— Bien.

Retrouver Mona Zigler est certes une priorité d'ordre civil et moral. Assurer la protection d'une enfant de neuf ans l'est aussi. Mais déplacer Eveline, l'envoyer dans une autre famille d'accueil ou dans un foyer d'Etat, c'est inhiber le processus d'adoption. Celui-ci n'aboutira qu'une fois la mère attrapée. Or pour attraper la mère au plus vite...

Elle leva les yeux sur la gardienne.

— Vous me suivez toujours ?

— Déjà moins bien, dit la gardienne en soutenant le regard de sa chef, et d'un coude elle s'appuya sur le bureau.

— Mais si, madame Tropini, vous me suivez. Et la directrice baissa les yeux. Pour attraper la mère on a besoin de la fille. A Port-de-Bouc, elle ne court aucun danger. D'ailleurs elle ne veut pas quitter sa ville natale. Selon toute probabilité la police interpellera Mona Zigler à Paris, mais on ne doit rien laisser au hasard. Une bavure sous les yeux de la petite, on aurait l'air fin ! C'est donc vous qui la préviendrez.

— Moi, s'écrie la gardienne éberluée, mais de quoi ?

La directrice regarda sur le côté, l'air soucieux. Puis, la voix caressante, elle reprit :

— Vous trouverez les mots, j'ai toute confiance en vous. Il faut qu'on sache ce que la petite a sur le cœur, la préparer, lui dire comment réagir au cas où...

— Où quoi ?...

— Où la 207 l'aborderait.

— Sa mère.

La directrice leva les yeux au ciel.

— C'est comme ça.

Il fallait pouvoir compter sur l'enfant, s'en faire une alliée. Pour son bien. Pour accélérer cette adoption qui n'en finit pas.

— La nourricière est au bout du rouleau et l'assistante sociale s'est fait cracher dessus pas plus tard qu'hier.

— Et je serai qui, pour elle ? Une matonne ? Une directrice de prison ? Un flic ?

— La nouvelle assistante sociale. Elle a l'habitude et puis Port-de-Bouc, c'est un peu chez vous.

— C'était...

La gardienne fut sur le point de crier : la mère me téléphone chaque soir. Elle m'empoisonne la vie. Je ne dors plus depuis des mois. Je suis complice et je tourne en rond dans cette idée. Je suis la dernière personne qualifiée pour une telle mission.

La directrice se méprit sur l'air effaré de la gardienne.

— Je vous répète que la petite ne risque rien. C'est d'ailleurs notre premier souci. Elle a même un gorille attitré, les jours où la nourricière est occupée.

Le sourire se voulut alors bonhomme et rassurant.

— Elle va venir, madame Tropini, et elle est très attendue.

— Elle se méfiera.

— Elle se doute de ce qui l'attend mais elle viendra.

— Qu'est-ce qui l'attend ?

La directrice baissa chastement les yeux et retira sa main. Elle avait l'air extatique de celui qui vient d'ébruiter un secret.

C'est une ville oubliée, Port-de-Bouc, un nom du passé. La mouette aux œufs d'or n'existe plus. Finie la belle histoire où Port-de-Boucaines et Port-de-Boucains entendaient l'appel du chantier naval – épure, abrasement, charpente, découpe, façonnage, rivetage, soudure, mise à l'eau – voués dès la naissance aux navires, à ces périssoires calaminées qu'ils dressaient au bout des rues, bâtiments géants dont s'ornait la ville un moment puis qui prenaient la mer et n'en revenaient pas.

Qu'y a-t-il d'enviable, aujourd'hui, dans ce port isolé du monde, puni, désœuvré, muet, sur lequel un paysage, en vain, cherche à se reformer ? La mer entre les môles, un horizon long comme une règle d'enfant, d'un bleu africain, presque noir. On s'en approche, il s'allonge et fait le tour du globe. Combien de bateaux nés à Port-de-Bouc, forgés dans ses foyers, cintrés sur ses marbres, ébarbés et martelés par ses Napolitains, ses Grecs, ses Catalans, ses Arméniens, ses Maltais, ses Chypriotes, ses Français du sud ou d'ailleurs, combien de torpilleurs et de cargos l'ont fait aussi ? Combien, tombés au fond de l'eau, gardent pour les siècles futurs, inviolable, la plaque de bronze aux armes des Chantiers et Ateliers de Provence ?

La mouette, face au midi, tient sur une seule patte. Un ongle est tourné vers l'Espagne, un ongle vers l'Italie, un ongle vers le sud où les ouvriers lâchés, orphelins du chantier, sont partis à la recherche des œufs d'or, se sont vendus aux pétroliers quitte à ne plus revenir. D'un œil la mouette regarde Marseille avec regret, de l'autre elle est aveugle. Elle ne voit pas les étangs roses de Camargue, les baisses, les graus au ras de l'eau ni les salins, ni les cailloutis du désert à l'embouchure du Rhône. Et sur ses deux flancs la suie des torchères, si haut que souffle le feu, retombe et ternit ses ailes repliées d'oiseau dans l'oubli. Mais la nuit, comme autrefois, la mosaïque scintillante des bouées semées dans le golfe de Fos l'appelle au sud.

Port-de-Bouc, la gardienne y est née. Elle y a grandi, fière d'habiter la Lèque, la plus ouvrière des cités du chantier, la plus rétive. En 47, la ville est fermée. C'est la grève et pour longtemps. L'ordre est assuré manu militari par les ouvriers. Les enfants naissent dans un hôpital éclairé, les entrepôts frigorifiques des pêcheries ronronnent, les ordures ménagères sont enlevées chaque jour, les navires en chantier gardés, les tôles sablées, les moteurs chauffés, les rats grignotent les amarres au quai d'armement. En 49, une idée de son père, un façonneur, le chantier refuse de lancer le cargo minéralier *Touggourt.* Un crime de lèse-majesté. Le lock-out imposé par la direction dégénère en grève illimitée. Sa mère appartient à l'Union des femmes françaises, épouses ou filles d'ouvriers. Avec sa mère, elle est aux réunions, aux manifestations, à la gare de Port-de-Bouc, chaque matin, pour accueillir au train le directeur du chantier qui n'apprécie guère leur bagou levantin. Et durant trois mois, dos à la mer, face à l'Etat, la ville attend, dépérit. L'Etat n'a pas faim. Sa famille est une étamine à trois couleurs. En 66, c'est un chantier désuni, manipulé, trompé, dont les ouvriers spécialisés sont partis, qui regarde les remorqueurs *Marseillais* et *Provençal* tirer vers La Ciotat son dernier bateau, le *Provence*, un transport inachevé que la direction lui confisque et remet au chantier rival. Adieu Port-de-Bouc.

Si les nouveaux actionnaires avaient mis du leur, si le pays avait aimé les bateaux, si les Allemands n'avaient pas miné les aplombs des cales ; si le livre blanc n'avait pas entre ses lignes blanches, et dès 1959, suggéré l'abandon pur et simple d'un site où les syndicats tenaient la dragée par trop haute aux édiles ; si l'on avait doublé la longueur des formes à temps, modernisé l'outillage, prolongé la voie ferrée jusqu'au môle des agglomérés ; si la malchance, un long moment, n'avait pas flotté sur ce bout du monde il aurait toujours ses œufs d'or, et elle, une fille des Agriates, n'allait pas tourner les innombrables clés d'un pénitencier.

Elle a les doigts froids sur le volant, elle aperçoit la mer blanchie par le soleil d'automne, les longues cheminées des raffineries, pareilles à des cierges, elle n'a plus qu'à franchir le canal et c'est Port-de-Bouc. Complètement sinoque, la vieille. Si seulement ils avaient emmené la gosse.

Un remorqueur hululait quand elle arriva sur le port devant les arcades. Elle se rangea. Le méthanier *Michaelis* appareillait. Au bord du quai, mains dans les poches, un homme en pantalon blanc s'intéressait comme elle au départ du tanker. Il était quatre heures et demie. Dans toutes les écoles de France, à l'instant même...

Elle restait devant l'anse aux Fourmis, le plan d'eau qui servait jadis aux lancements, toujours le samedi. Elle revoit les enfants de chœur, la procession chantée autour du navire, le père Loew, la bête noire des ouvriers. Elle entend le bruit des haches coupant l'aussière du berceau, la bouteille de champagne éclater sur l'étrave, le grondement de ces milliers de tonnes en mouvement sur les rails de bois suifés, premier mouillage, première flottaison. Plus le bateau partait loin vers le fort, avant que les remorqueurs ne parviennent à stopper son élan, plus le lancement était réussi, applaudi. Dans la folie des clameurs ils se bousculaient, eux les gosses, pour toucher la vague de mise à l'eau quand elle inondait la berge. On ne savait jamais quelle force elle aurait. Et sous les vivats et les coups de sirène, les remorqueurs amenaient leur immense petit frère au quai des agglos ; le travail du bois succédait à celui des tôles. Encore un an de boulot.

La mer était rose au lointain, grise à ses pieds. L'air fraîchissait, les drisses des voiliers au ponton chantonnaient, le soir fonçait la lumière métallique autour des magasins d'armement, vestiges du chantier. Dans un contre-jour doré, comme issu d'un enchantement, se montrait sur la rive opposée le complexe pétrochimique de Lavera, tremblant mirage où les pétroliers goitreux avaient l'air de butiner un monstre. Elle remonta son col. A côté du type à pantalon blanc se tenait une fillette en jean, un sweat rouge à la taille, baskets assorties aux pieds. C'est la mode, pensa la gardienne. Ils assistaient au déchargement d'un sardinier. Les caisses de poissons disparaissaient à l'arrière d'un camion frigo. Il s'en mangeait des sardines, à Port-de-Bouc, les jours de mise à l'eau ! Il s'en buvait des pastis, il en pleuvait des baisers sur les filles, cependant que les officiels gueuletonnaient au salon d'honneur. Elle s'approcha. Le type la regarda. Le sergent Martinez, du quartier d'Aix. Elle se disait bien qu'elle l'avait déjà vu.

— C'est pourtant pas ton secteur ? dit-elle en plaisantant.

Il eut un sourire moqueur de vieux beau.

— Erreur. Un flic est chez lui partout. Même à Port-de-Bouc. Je suis en mission figure-toi.

— Ah oui, de quoi ?

— Baby-sitting.

Et il se tourna vers la gamine à côté de lui. L'air absent, mains dans les poches, elle regardait un marin passer au jet le pont du sardinier. Et chaque fois qu'elle recevait une éclaboussure elle souriait, l'étalait sur son visage et de nouveau se penchait à la rencontre des gouttes.

— Pourquoi tu la gardes ? Elle est bien assez grande pour rentrer seule.

— Erreur, elle a besoin de moi. Elle est un peu dingue, dit le flic.

— C'est ta fille ?

L'idée parut l'inquiéter.

— Elles ont de l'esprit, les matonnes, dans la région. Tu ne vois pas qu'elle est méchante comme la gale ? Elle fait semblant de ne pas écouter, mais elle n'en perd pas une miette. Et ensuite elle va tout rapporter. Pas vrai que t'écoutes ?

La petite ne broncha pas.

— Elle boude, ça y est, soupira-t-il.

— Mais c'est ta fille ou pas ?

— Les volées qu'elle se prendrait si c'était ma fille. Tu lui touches un cheveu c'est des hurlements. T'en touches un deuxième elle va porter plainte aux associations. T'as des bonnes femmes qui rappliquent de partout. Estime-toi heureux si t'es pas mis à pied.

— Mais c'est qui ?

— Heureusement, c'est pas tous les jours ! sinon je démissionnerais. Elle sort de l'école, elle n'a jamais un devoir à faire. Moi je n'ai rien à dire. Elle vient traîner sur le port, regarder les bateaux, les pêcheurs, les mouettes, et son reflet dans l'eau. Quand il est passé d'est en ouest elle se souvient qu'elle n'est pas un cadran solaire et mademoiselle rentre à la maison. T'as des fois, une mouche la pique, elle se tire en courant. Faut envoyer les chiens, les hélicos, prévenir la patrouille. Tu parles d'un binz !

La gardienne vit alors la gamine se dévisser le cou pour l'examiner. Le regard qu'elle croisa n'était pas celui d'une inconnue. Ces larges yeux montants, effilés vers les tempes, remplis d'une lumière trouble, elle les avait vus tous les jours pendant huit ans. Elle eut peur comme si la petite allait la reconnaître et la démasquer.

— Vas-y, maintenant, dit le flic soudain nerveux. C'est pas une bête curieuse après tout. Elle est méfiante, faut comprendre. Elle se demande ce qu'on lui veut.

— Je demande rien, je sais tout, fit la gamine en haussant les épaules.

Le lendemain, malgré la mise en garde du policier, Mme Tropini revint à Port-de-Bouc. En fait, n'importe qui pouvait aborder Eveline Zigler sans jeter l'émoi sur la région. C'était une enfant timide et naturelle, avec un caractère de cochon. Dans un premier temps, elle lui dit plus ou moins ce qui l'amenait, ce qu'on attendait d'elle et pourquoi. Houla qu'elle se méfiait. Le paquet d'affaires, elle n'en voulait pas. Elle aimait avoir la paix quand elle pêchait.

— C'est pas un colis piégé, dis donc ! C'est rien que pour toi.

— Pourquoi vous me faites un cadeau ? Je vous ai rien demandé.

— C'est pas un cadeau, ça vient du service social. Et tu vas recevoir une claque si t'es pas polie. C'est pas la première fois qu'on t'envoie des habits. Y'a aussi une surprise. Un poste de radio, avec une cassette à l'intérieur. Il était à ta mère. Oh mais faut pas te forcer. Y en a qui seront bien contents.

— Vous n'avez qu'à laisser le paquet, je verrai.

— C'est ça, tu verras.

La petite la regarda de bas en haut.

— C'est quoi votre métier ?

— Aide sociale.

— Vous avez une tête d'espion comme dans les films.

Et pour lui parler de sa mère, après, quelle histoire ! Elle répondait par oui, par non, elle soupirait d'agacement, comme si les questions faisaient partir les poissons et que c'était sa faute à elle si ça mordait pas.

— Il t'embête pas trop le policier ?

— Ça risque pas.

— Si ta mère était raisonnable, au moins.

— C'est son problème.

Chaque fois qu'elle sortait sa ligne elle l'aspergeait avec le fil trempé.

— Elle aura peut-être envie de te voir un jour. Faudra le dire.

— Ça risque pas.

— Pourquoi ?

— C'est mon problème.

Elle finit par lui attraper le menton comme elle savait si bien le faire avec les détenues retorses, une prise entre le pouce et l'index. On ne pleure pas mais c'est limite, alors pas de salades !

— Tu feras quoi si elle vient ?

— C'est mon problème.

— Tu feras quoi ?

La réponse l'effraya.

Le coup porté par l'enfant, ce fut la complice involontaire de Mona qui l'accusa, non la gardienne assermentée. Rentrée au pénitencier, elle rédigea son rapport. Elle ne dormit pas cette nuit-là. Et pas davantage la nuit d'après. S'ils veulent la pincer, maintenant, les preuves ne manquent pas. Et malgré la peur elle ne regrette pas son geste. Avoir remis les affaires de la mère à la fille, après tout, c'est justice. Avoir parlé de la mère à la fille, c'est justice aussi. Ce n'était pas la mission confiée par la directrice. Peut-être elle a trop parlé. Elle a suivi son instinct. Mais le cabanon sous les raffineries, quel besoin de le signaler ? Comme si ça pouvait l'intéresser, la gosse, et lui donner l'idée d'aller voir. Voir quoi ?... Elle est fleur bleue, elle vieillit. Les sentiments, elle est payée pour s'en méfier, il paraît. Mais être née dans la même ville qu'une détenue, une petite ville qui n'existe plus, qu'elle a vue s'effacer au large entre les fumées pâles des remorqueurs *Provençal* et *Marseillais*, il y a des soirs, on n'y peut rien, ça rend bête à pleurer. On s'arrête à la cellule 207, on regarde au sud les bulles de feu crever sur les raffineries, et les souvenirs se mettent à jacter. Elle aussi, Mona Zigler, c'est une enfant du chantier naval. Il n'aurait pas fermé, la mère ne restait pas seule avec sa gamine à cafarder en attendant le retour du mari dans une ville bannie. Le gamin n'était pas tué par la gamine. Et elle, à cette heure, ne serait pas l'ange gardien d'une évadée qui ne veut rien entendre et l'appelle tous les soirs, madame Tropini ! madame Tropini ! S'il vous plaît. Je ne vous demande pas la lune. Allez-y pour elle au moins. Voyez-la. Dites-moi juste s'ils l'ont emmenée.

Quand Mona lui téléphona, elle se croyait d'humeur à lui mentir. Mais au son de sa voix elle perdit la tête. Oui, elle est toujours à Port-de-Bouc. Combien de temps je ne sais pas. La même école, oui. Elle va bien. Maintenant laissez-moi.

— Ne venez pas, reprit-elle soudain. On vous tend un piège.

Quatre mois s'écoulèrent avant qu'elle ne reçût un nouvel appel.

— J'arrive demain, souffla Mona.

— Non.

— Si, demain.

— Ils vont vous tuer.

II

Ayant récupéré son vélomoteur, Mona retourna dans la forêt. Ils ne la tueront pas. Elle est sujette aux voix. C'est ainsi depuis qu'elle est toute petite. Et la nuit c'est pire. Elle suivait la piste cimentée, pas plus large qu'un sentier, brisée par endroits, mouillée de pluie. Elle avait dérapé deux fois, à l'aller, sur des amas d'aiguilles détrempées. Elle se hâtait de revenir au lac. Pourvu que le van fût toujours là. Pourvu qu'Emmanuel ne l'ait pas abandonnée. Elle n'en pouvait plus d'attendre et de louvoyer. De regarder s'accomplir les mois, les saisons, toujours là, toujours ailleurs, sans feu ni lieu dans un paysage effréné : des milliers de villages déserts traversés la nuit, de routes blanches, de patelins innommés où ils ne s'arrêtaient que pour souffler un moment, s'étreindre et de nouveau fuir, le plus loin possible du midi.

Et si vraiment ça tourne mal en arrivant là-bas ? Elle s'en sortira. Mais lui ?...

Le pinceau lumineux tressautait au rythme du moteur sur la roue, révélant des troncs blafards et des gouffres d'obscurité. Les pins saturés d'eau répandaient l'odeur sucrée du printemps. La forêt landaise l'entourait comme autrefois l'entourait la mer, la nuit l'étourdissait, la portait. Elle n'a plus peur du sud, elle y va. Demain, c'est ça. Demain soir. La gardienne l'a dit. Ce sont ses propres mots. La tuer ? Mais non. La chance qui l'a fait renaître un matin d'été, comme une bulle remonte à la surface de la mer, cette chance-là continuera jusqu'au bout. On l'attend là-bas. Et voilà qu'elle rougit, presque intimidée. Elle n'a rien à cacher sinon la douleur et la douceur d'une vie qu'elle a donnée, oui, qu'elle a perdue.

Que dira-t-elle en premier ? Regardons-nous. C'est moi ta mère.

Une heure plus tard le sentier débouchait hors de la forêt. Le lac apparut sans limites, rayé de reflets lunaires, et le vent fraîchit. Dès qu'elle sentit la roue patiner dans le sable, elle mit pied à terre. Aucune lumière, aucun bruit. Elle s'inquiétait quand l'ombre d'Emmanuel surgit. Il la serra dans ses bras.

— J'ai cru devenir fou. T'as vu quelqu'un ?

— Pas un chat.

— Alors ?

Ils marchaient au bord de l'eau, lui poussant le vélomoteur, elle tardant à répondre.

— Ils pensent que je suis à l'étranger. Elle m'a dit de venir demain.

Il s'arrêta :

— Ah ouais ?... Et le piège ?

— Il n'y a jamais eu de piège. Je t'ai menti.

— C'est nouveau ça ! Pourquoi ?

— J'avais peur.

Ils chuchotaient comme si les arbres pouvaient les épier. Le van, invisible, était stationné contre une palombière en retrait de la plage, un véhicule acheté d'occasion quand la DS avait rendu l'âme, un soir de gel, une sorte de yacht roulant aménagé par un couple de retraités anglais, avec une boussole de cuivre sur le tableau de bord. Leur maison depuis des mois.

— Qu'est-ce qu'elle a dit exactement ?

— Rien d'autre. Ils ont compris que vous n'étiez plus là. Venez demain. Elle n'a jamais été très bavarde.

— Je connais ça...

Ils rattachèrent le vélomoteur à l'arrière du van et dînèrent. Emmanuel avait mis la table dehors sous une lanterne en veilleuse qui chuintait, se balançait, accrochée à une branche. Mona le regardait gentiment. Les flics l'auraient oubliée ? Mon œil ! En quel honneur ?

— Tu es content ?

— Fou de joie, dit-il d'une voix sinistre.

Traverser à vélomoteur une forêt pour lui rapporter aussi fièrement des bobards ! Il se souvient d'une folle qui voulait absolument descendre à Port-de-Bouc, il y a quatre mois, embuscade ou non : « Le piège c'est d'avoir peur, de fuir. Je n'aurais jamais dû t'en parler. » « Le piège, c'est d'avoir des nerfs de femme et cet orgueil de tyran. Vas-y sans moi. Fais-toi buter devant ta même histoire de tout arranger... » Des journées entières à discutailler. Qu'y pouvait-il si le sud était impraticable en ce moment ! La faute à qui ? Ils n'avaient qu'à faire la sieste en attendant l'embellie. Le van était là pour ça.

— Tu vas me passer le numéro de la gardienne et moi je l'appelle.

— Parce que tu crois qu'elle te répondra !

— Passe-le-moi.

Il baissait la voix pour qu'elle parlât moins fort. Pour que la gardienne ne les entendît pas à travers les bois.

— Tu vas à la cabine, Emmanuel, et t'appuies sur la touche bis. T'es sûr de l'avoir. N'oublie pas de te présenter.

— T'as bien changé, dis donc ! Au début tu balisais sec.

— Et maintenant c'est toi.

Mona voulut dormir en plein air. Ils couchèrent sous le même duvet dans l'ombre lumineuse et froide où des nuages bas, trapus, éteignaient les étoiles au-dessus du lac.

Elle frissonnait contre lui. La repoussant, il souleva son tee-shirt avec rudesse, il attrapa ses seins et lapa, mordit, pétrit cette force élémentaire, matricielle, tantôt lait tantôt feu. La bouche de Mona s'ouvrait, mais il ne voulait pas l'embrasser. Il répétait avec dureté qu'il l'aimait, qu'il en crevait, et ses lèvres affamées aspiraient rageusement cette peau qu'elles n'enfiévraient pas.

Tout en l'aimant il cherchait à se guérir de l'aimer, cette moins que rien ! ce corps avili, fouillé, battu, qui n'avait plus rien d'intact à donner.

Elle finit par se dégager et, devinant sa détresse, elle se pencha vers lui pour le consoler. Il vit tout proches ses yeux larges et noyés. Mona posa sur ses joues des baisers d'enfant. Elle avait les mains fraîches, les lèvres chaudes, elle sentait bon. Ils se redirent ce qu'ils se disaient depuis des mois en s'étreignant, les vieux mots de l'amour humain qui, peut-être, ne vont nulle part, arrêtés net un beau jour en plein élan.

— Les flics, Mona ? Tu peux jurer qu'ils sont partis ?

— Sur ma vie.

Les longs cils noirs frémirent. Une sacrée menteuse !... Elle semble partager tous les sentiments qu'il éprouve, y compris ceux dont il ne parle pas. L'amour comme le besoin d'en finir avec elle, violemment s'il le faut. Il est sous son emprise, elle le sait, elle le plaint. Elle est à lui mais il ne possède rien. Il chérit une ombre, une énigme. Ils ont beau s'aimer, vivre peau contre peau, c'est chacun pour soi, chacun replié dans une histoire où l'autre lui fait plus ou moins l'effet d'un rôdeur.

La joue sur son épaule, elle s'endormait.

— Faut partir dès qu'il fait jour.

Complètement givrée ! Qu'une fille aussi belle imagine arpenter sa ville incognito, même à neuf ans d'intervalle, même avec les cheveux courts, qu'elle prétende embrasser devant des copines attendries une enfant qui ne l'a jamais vue, ça lui met la moutarde au nez.

Il se tourna pour l'emmitoufler. A la lueur de la lampe, il regarda ce visage exsangue aux yeux étirés de plénitude et d'indifférence, les lèvres auréolées de salive séchée. Il rangea les mèches sur son front. Il baisa ses paupières, son nez, sa bouche en cœur. Il a faim d'elle encore, à quoi bon !

— Mona, lui souffle-t-il à l'oreille.

Elle dort ? Elle ruse. Elle sait qu'il ne la croit pas. Elle s'en fiche maintenant qu'elle arrive à ses fins. Il est fou d'elle, il ne lui veut aucun mal, mais il ne faudra pas s'étonner un jour s'il la tue.

Il avança le bras et tourna la molette de la lampe à gaz. Le sifflement cessa. Dès qu'il fermait les yeux son cœur s'emballait.

Il n'avait pas lésiné pour la détourner du sud. A peine hors de Paris, il voulait déjà rentrer. Certes il y avait sa parole en jeu, mais que valait une promesse au regard d'une vie ? D'une arrestation ? Il gardait pour lui cette comparaison qu'elle risquait fort d'apprécier différemment. Il tiendrait parole à sa manière. En la sauvant bon gré mal gré. Il ne croyait ni qu'elle aimait son enfant ni qu'elle avait une enfant, du moins qu'elle y avait droit. Dans un autre âge elle avait accouché d'une fille, il était bien tard pour faire une réclamation. Qu'elle eût honte et simulât des frustrations pour l'épater, c'était péché d'orgueil, ça passerait au fil des nuits. Mais l'hystérie d'une descente au sud, le coucou-voilà-maman d'une criminelle aussi fliquée, non merci !

La première semaine elle avait dormi tout le temps, affalée contre la portière, pelotonnée dans un anorak à lui dont elle déformait allégrement les manches. Elle n'ouvrait les yeux que pour s'inquiéter :

— On est où ?

Elle était facile à berner. Le sud, mais oui, Port-de-Bouc, la brave cité du chantier naval rasé par des salauds, c'est là qu'on va, mon cœur, de ce pas. Et c'est devant la vieille école, mais oui, qu'on ira bientôt se rincer l'œil à la sortie des filles. Ou plutôt : que j'irai.

Tu m'attendras sagement sous les platanes. Et à mon signal... Pendant ce temps-là, des noms comme Arras, Calais, Verdun, défilaient sur les panneaux, et des corbeaux à la débandade se soulevaient au-dessus des gelées blanches.

La mer apparut, livide. La Manche, en effet, la migration des eaux, toujours les mêmes, turquoise aux Baléares, anthracite au Cap-Vert, bleu métal aux Açores, et serpillière en ce moment sous nos yeux. Au premier soleil elles resplendiront. Au deuxième, elles nous amènent chez toi.

Ils tournaient le dos à leur destination ? Seulement du point de vue géographique. Le fameux vol d'oiseau, le pigeon voyageur. Mais quand l'oiseau s'appelle Mona Zigler, quand il s'agit d'un pigeon cavaleur, il ruse. En dépit des zigzags, le retour promis avait commencé. Bientôt les cigales, bientôt les olives. Et sous les roues d'un van conduit par Emmanuel à petite vitesse, les kilomètres n'en finissaient plus, démesurés, se perdant les uns dans les autres, imitant ces déserts où blanchissent les ossements des bisons vaincus par la soif.

Ils arrivèrent au cap Gris-Nez planté bien droit dans les brouillards givrants : le sud, mon petit chat. A Gravelines : toujours le sud. Là-bas, l'Angleterre. Pardon : le sud de l'Angleterre. A la frontière belge : « Eh non, mon cœur, pas de sud à glaner dans les parages. Nous sommes à l'ouest des pires emmerdements qu'une boussole ait jamais aimantés. »

— On va où demain ?

Cette petite phrase l'horripilait.

Demain ils iraient au bout du monde. Ils y allaient

tous les jours. Une main sur le volant fourré de lapin, l'autre sur la cuisse de Mona, il rêvait à voix haute, il imaginait les paradis où leur amour, bientôt, filerait ses plus belles heures en toute liberté. Il s'amusait comme un gosse à la mettre en lieu sûr. Le monde était plein d'archipels, de mers oubliées, de sables déserts. Il bricolait des radeaux en palmier, des coucous, des jeeps, des paillotes, il cousait des gibus de cuir, bâtait d'inépuisables chameaux. Lui qui détestait la campagne, et n'osait pas croiser le regard d'une vache, il emmenait Mona dans les pays vierges, il bravait les moustiques, les zombies. Ils s'habillaient de verdure et des Indiens les mariaient sous le regard ému des sapajous. Et pourquoi pas des enfants ? Des petits baveux habillés de plumes et de poils ? Pourquoi pas être heureux pour de bon, pas seulement pour fuir ? A ces mots elle pâlissait. Il se dépêchait d'oublier les baveux sous des feuilles, à l'ombre d'un séquoia géant, il lui parlait d'Eveline.

Le plus endormeur des baratins, le plus naturel, c'était la gamine en personne au bout du voyage, à la sortie des classes, avec son cartable et ses nattes. Il jouait sur le velours : elle ne la connaissait pas plus que lui. A part le nouveau-né couché sur son ventre, elle n'avait aucun souvenir. A l'écouter, on aurait dit qu'une petite fille à la mamelle, depuis huit ans, attendait sa tétée.

Et lui, fasciné par une candeur peut-être feinte, il se hasardait ni vu ni connu dans son cœur de mère. Il se penchait sur un berceau vide, il faisait des risettes à cette illusion d'enfant. Que lui coûtait d'être son père, à cette fée ? De l'aimer ? De la faire cligner des yeux ?

De jeter un oubli magique sur ses premières années ? De l'emmener vivre au sud avec sa mère ? De retaper un cabanon ruiné dont ils ne briseraient jamais les scellés ? De fabriquer des meubles avec le bois des arbres qu'ils planteraient ? D'avoir des poules et des canards ? Que lui coûtait cet avenir tant qu'il ne bougeait pas des phrases où il le confinait ? C'est tes raffineries qui m'inquiètent un peu. On n'aura qu'à ne pas fumer.

— Jamais ses copines ne voudront venir chez nous.

— Pourquoi ?

— A cause de moi, du passé.

— Eh bien elles ne viendront pas.

— Qu'est-ce qu'elle dira ?

Il souriait. L'évidence répondait par sa voix :

— La maison est loin, le chemin poussiéreux, la falaise à pic et la roche friable. Le mistral fait s'envoler petits et grands et les entraîne au fond des gouffres marins : voilà ce qu'elle dira. Elle n'invitera personne et personne ne viendra.

— Elle va s'ennuyer.

Et Mona semble contrariée. Elle a tout le jeu d'expressions d'une mère inquiète, obsédée par le besoin d'agir au mieux pour sa famille. Allez, allez, ne sois pas ronchon. Jamais vu ça. Vous faites bien la paire toutes les deux ! Je vais avoir affaire à forte partie. Si j'avais su !

Et Mona rosit de bonheur.

Pour la voir s'illuminer il décroche la lune. Il achète un jour une valise, et les jours suivants les vêtements d'une fillette inconnue, presque déjà leur passagère. Un jour, bientôt. La valise se remplit, cachée sous la banquette, et le grincement des fermoirs trahit celui qui l'ouvre en douce. Il ne va plus au marché sans rapporter une ceinture, un pull, une babiole. Il couvre l'enfant des cadeaux que Mona ne veut pas accepter pour elle-même. Du douze ans s'il vous plaît. Ça taille grand ? Tant mieux. Elle aura bientôt rattrapé sa mère... N'est-ce pas, Mona ?

Il savait qu'elle ouvrait la valise en son absence. Il l'imaginait palpant les robes et les tenant dépliées devant ses yeux, tiquant à la vue des socquettes à pompon, des lunettes noires à montures tigrées, des farces-attrapes, heureuse à son insu.

— Eveline, s'ennuyer ? Elle n'est pas comme ça, voyons. Elle est beaucoup plus dégourdie que les autres. Elle sait bien qu'ils ne sont pas toujours animés des meilleures intentions. Elle choisira des amis sûrs.

— Qu'est-ce que t'en sais ?

— Je la connais.

De tels mots la dessillaient.

— Tu la connais ? N'importe quoi !

Et subitement elle ne jouait plus. La femme aigrie rattrapait la mère, évinçait l'amante, et Mona perdait la tête. D'une voix sourde, puis stridente, écœurante, elle assaillait Emmanuel de haine et d'ironie. Son bla-bla-bla, sa petite vie tiédasse, son bonheur de fils à maman, son fric, son air béat, ses mains trop douces, ses plans misérables pour l'entortiller, la paumer, comme si paumée elle ne l'était pas assez, sa frime, ses largesses de séducteur, tout ce qu'il était lui répugnait.

— En temps normal, un type comme toi, je ne l'aurais même pas vu.

Il n'était pas en reste :

— Et ta fille, alors ? Tu l'as vue ? Dis-moi si je me

trompe : tu l'as vue ? Tu l'as vue pendant ces huit ans ? Tu l'as laissée poireauter ou tu l'as vue ? Ça porte un nom les gens comme toi, tu le sais ? Tu sais qu'on les appelle des monstres ? Tu sais que la société préfère les imaginer en taule plutôt qu'en train de fourrer leurs sales pattes sur des gosses qui leur pompaient l'air à la naissance ! et qu'ils refusaient d'élever. Tu vas lui chanter quoi si tu la vois ? L'air du lait répandu ? Tu le connais, l'air du lait répandu ? Chante-le si tu le connais ! Il est rouge, ce lait : chante !

Et tout en conduisant d'une main, de l'autre il envoyait des beignes à travers la cabine, il houspillait Mona, la jetait contre la portière. Il braillait des comptines où de petits hommes, carabi, s'en allaient à la chasse, caraba, il se moquait d'elle à tue-tête, guilleri, sautant sur le siège et secouant le volant d'un van qui slalomait au bord du fossé. Elle ne cherchait pas à parer les coups. Les mains sur les yeux, tassée en boule au fond du dossier, elle geignait et semblait se gorger de sanglots. Elle ne voulait rien laisser perdre d'un chagrin qui libérait tant d'émotion. On aurait dit qu'elle allait défaillir de volupté. Aussi froide au pieu, aussi passionnée pour chialer !

— Tu ne l'as pas vue. Et tu ne la verras pas. Alors, fais pas chier.

Au premier soupir de défaite il la consolait. Elle s'excusait, il s'excusait. Pas un mot de vrai dans ce qu'il a dit seulement pour lui clouer le bec. Tout autre est sa conviction, tu vas voir. Il cherchait l'ombre d'une broussaille où planquer leur van. Musique, oreiller, casse-croûte au vin rouge. Mœurs adoucies.

Parvenus aux confins nord du pays, ils redescendirent vers l'ouest en suivant la côte. Les jours allongeaient. Les cheveux noirs de Mona blondissaient. La nuit, ne dormant pas, la désirant en vain, désirant que tout ça n'ait jamais eu lieu, il allait au bord de la mer. Les yeux levés sur les ténèbres, il écoutait résonner le chuchotis vertigineux des coquillages épars dans les flaques, sous les touffes d'algues, ou vissés dans les profondeurs du sable, il regardait le ciel d'hiver se redresser vers le printemps, comme une barque se déséchoue. Les mêmes astres qu'au fond du canal Saint-Martin, le même élan figé pour un œil profane. Il prenait conscience du temps écoulé depuis qu'il avait confié la direction des assurances à la vieille secrétaire du bureau. L'escapade amoureuse tournait à la désertion. Il ne pouvait pas compter indéfiniment sur le zèle d'une femme qui l'appelait Monsieur comme un troufion dit mon Général. Des remords le taraudaient. Que devenaient les schnocks ? Que devenait leur maison moisie ? Comment ça va, les vieilles branches ? Emmanuel Ax, comment va ? Le guignol en chemise hawaïenne et claquettes, le zouave qui faisait le joli cœur et dosait les biberons auprès d'une jeune mère convoitée par la police, combien de temps allait-il encore usurper son identité ? Paris lui manquait : ses habitudes, son canal étoilé, son aquarium fripon, ses petites amies nourries à la pizza, son bel appartement, sa baignoire en marbre et son magnétoscope, ses revues américaines sur les fins du monde imminentes, sa garde-robe, ses polos, ses pantalons en pénitence sous une crémaillère de teinturier, merde alors ! Ils étaient nombreux les plaisirs dont il se languissait et dont, presque au même instant, il se foutait, le « presque » ayant alors pour nom Mona : les yeux noirs striés d'or, les doigts de pieds les plus intimes, les coupelles de buis, la peau sans grain, lisse à pleurer. C'est lui qui l'a, le grain, quand il la touche. Elle, Mona, ne vibre pas, n'est pas touchée.

C'était crasseux, mais il devait maintenant se conduire en homme. Et que fait un homme, un vrai, de la femme qui l'a choisi pour héros quand il ne l'est plus ? Il plaque, grands dieux ! Il se taille au premier tournant.

A quel moment s'éclipser ? Le matin, quand elle se douche à l'extérieur du van, sous cette pomme d'arrosoir où s'écoule un filet d'eau glacée ? Juste après, quand il l'a frictionnée dans la serviette chaude ? Le soir, quand elle se balade avec une aisance de chevrette au milieu des rochers, si légère qu'on dirait sa fille ? Quand elle vient sur ses genoux et, les bras autour de son cou, lui dit : comme ça je n'ai plus peur de rien ? Quand elle part vers les dunes, un journal sous le bras, l'air emprunté, en butte aux lois naturelles ? Quand ils se disputent à mort ? Quand il a tout fait pour que la pression monte et que soient lancées les paroles irrémédiables d'une séparation ?

A ne pas aller au sud, chaque jour, avec cet acharnement, il s'emberlificotait dans les points cardinaux, dans les lieux-dits, dans les promesses qu'il ne tiendrait jamais. Il creusait un labyrinthe et n'en trouvait plus la sortie. D'une voix moins enjouée, il persistait à chanter les louanges de ces lointains et merveilleux pays, si subtils quant à l'extradition des résidents étrangers bien pourvus.

En vain cherche-t-il à s'endormir. Un tel charivari dans sa tête ! Il s'est laissé piéger comme un idiot. Plus ferme, il serait déjà chez lui. Il regarderait le souvenir de Mona comme la dépouille du serpent python sur le mur des schnocks. Et non seulement il n'y est pas, chez lui, mais il s'éloigne. Et demain, c'est le pompon.

Il se revoit dans la baie du Mont-Saint-Michel pas plus tard que la veille au soir. Grand beau temps, grand panorama. De quoi battre des mains et s'écrier qu'on n'a jamais vu ça. Mer haute et miroitante, rosée de crépuscule. Abbaye rayonnante, escortée de nuages potelés, une beauté symbolique sur un char de mi-carême. Et c'est pour qui, cette merveille ? Pour toi seule, mon lapin. Alors haut les cœurs s'il te plaît. T'entends les oiseaux ? Tu les sens, les mûriers ? C'est pas une belle fête des mères ?

Elle se baigna. Mona sur fond d'abbaye, cernée par tout l'océan, par toute la nuit, couronnée d'étoiles. C'était si douillet, ce bain d'immensité, qu'il la rejoignit. Transi, il fit rouler entre ses lèvres des bouts de seins roidis comme des grêlons. Une eau polaire. Quel glagla ! A voir on dirait pas. Il en pleurait, lui qui mettait un point d'honneur à garder les yeux secs, excepté chez le dentiste au moment des injections analgésiques.

— Sors si t'as froid.

— T'as qu'à me réchauffer, dit-il en voulant l'attirer contre lui.

— Ne me touche pas, cria-t-elle, et, se dégageant dans un grand splash, elle s'éloigna vers le large.

Au dîner, ce fut elle qui posa des questions, l'épiant gravement sous ses longs cils de poupée.

— Mais tu feras quoi de moi, après ?

— On l'a répété cent fois. Je t'emmènerai.

— On aura un toit ?

— Et une porte avec paillasson. Et du feu dans la cheminée. Et le calendrier des postes sur le buffet de la cuisine. Une voiture au garage. Et moi la main dans ta culotte. C'est encore là que je me sens le mieux.

— Dans quel pays ?

— Un pays sans foi ni loi, qu'est-ce que tu veux ! La moindre banane fait office de passeport. Avec les cannes que t'as, tu seras dispensée.

Il était d'une humeur de chien. Les seuls mots qu'il eût envie de prononcer, qu'il roulait dans ses joues tels de vieux crachats étaient : fiche le camp. Disparais... Elle se gardait bien d'entendre les mots qu'il taisait avec rage. Il était au bout du rouleau. Il avait fait tout ce qu'il pouvait. A elle, maintenant, de le sauver.

Le lendemain, pluie. Mona boudait. Le van longeait la route côtière. On est gâté pour l'hygrométrie, gâté pourri. Mais rassure-toi. A la montée du flot, le soleil revient, comme s'il n'était que le jouet du courant. Qui croirait que cette région si franchouillarde et si camembert est l'une des frayères les plus giboyeuses du globe ? Il y a là des espèces marines...

Il la surveillait dans le rétroviseur. Les espèces

marines introuvables ailleurs, elle s'en fout comme de l'an quarante.

— Un peu de musique, peut-être...

Et clic ! La cassette de berceuses anglaises oubliée dans la boîte à gants par l'ancien proprio.

— C'est des vieilles filles qui chantent. Ce sont les seules femmes du monde à jouir par les poumons. Les seules dont les poumons sont récupérés par les facteurs.

Il fit comme si le mutisme de Mona renfermait une question.

— Les facteurs, oui, ceux qui fabriquent les cornemuses. Tout le monde s'imagine qu'on les fait avec des vessies de porc.

Les bras croisés, en boule, elle semblait n'être plus là.

— Parce qu'entre nous, les porcs, à part la viande et les euphémismes, il n'y a rien à en tirer.

Elle ne posa pas la question espérée. Il répondit quand même.

— Un euphémisme ? C'est quand tu traites de porc un enculé, lança-t-il avec une véhémence chargée d'agressivité.

Pas jouasse, l'évadée. Sa bouche tremble. Elle fait sa mijaurée. Elle a les moyens !

— Ça ne va pas ?

— C'est laid ton histoire. Comme ce pays.

— Non c'est pas laid. C'est très beau.

— On n'a pas les mêmes goûts toi et moi.

Elle eut ce regard perfide et moqueur, vieux comme l'éternel féminin, qui fait grimper le plus serein des hommes aux rideaux.

— Qu'est-ce t'as ? Qu'est-ce qui te défrise encore ?

— J'en ai marre de jouer love story dans une région sinistre avec un petit garçon à cheveux gris. J'aime encore mieux me faire jeter par ma fille, tu vois ! J'aime encore mieux les poulets.

Il entendit un bruit sur le côté.

— Qu'est-ce que tu fous ?

— Je descends.

— C'est ça, descends ! fit-il en accélérant brutalement.

Un instant rejetée au fond du siège, elle chercha quand même à sortir en marche. Il n'eut que le temps de la ceinturer. Le van, roues bloquées, fit un tête-à-queue.

Il se retrouva couché sur elle en travers de la banquette, haletant, la tête au-dehors, et la pluie venteuse les sauçait. Au lieu d'en profiter pour la dérouiller, l'étrangler, pour la laisser une bonne fois sur le bord de la route avec la valise de la môme, au lieu de lui régler son compte, à cette vipère, il se met à la supplier, à baratiner qu'il ne l'a jamais si bien comprise et qu'elle a raison d'avoir confiance en lui. C'est beau nous deux. C'est ça l'amour. Comme si je ne l'aimais pas, ta gosse, moi aussi ? Autant que toi. Comme si je ne faisais pas tout pour vous réunir. Tu veux vraiment qu'on y aille ? C'est ça que tu veux ? Ça te ferait plaisir ? Une petite virée par là-bas ?

Il plut à seaux jusqu'à Limoges. Un échangeur scinda la nationale. Aquitaine, Bouches-du-Rhône. Renonçant à continuer sur Nîmes, Emmanuel se déroula vers Bordeaux. Il était crevé. Pas prudent d'arriver sur les genoux. Une petite nuit de sommeil s'imposait. Un dernier fignolage des plans dans un bled à l'écart. Ils avaient eu bien assez d'émotions pour aujourd'hui. Mona ne fit aucun commentaire et, croisant les bras, elle cessa de parler.

En abordant la forêt landaise, la voyant toujours aussi mal tournée, il déclencha la fermeture électronique des portières et carreaux, et si discret que fût le claquement des verrous, elle tressaillit et se mit en rage.

— Espèce d'ordure, ouvre-moi ça tout de suite ! hurla-t-elle.

Elle se jetait sur le volant et cherchait à les envoyer dans le décor. Le van embardait comme s'il était conduit par un ivrogne. Emmanuel sentait des doigts aux nerfs d'acier toucher les siens sur le volant. Il n'arrivait pas à lui faire lâcher prise, il allait la massacrer.

Deux phares affleurèrent dans le rétroviseur, émergeant de la brume. Un connard voulait doubler. Il choisit bien son moment, celui-là ! Double mon pote, vas-y. La route est à toi, qu'est-ce que t'attends ? Il se rappela ce requin blanc qui suivait son voilier dans le golfe d'Oman, à gauche quand il se tenait à gauche, à droite quand il changeait de côté, prêt à l'avaler d'un bord comme de l'autre. Mais quand il voulut serrer à droite, Mona donna un coup de volant et le van déboîta sur la gauche. L'auto corna. T'excite pas, connard, double et fais pas chier. Encore une fois Mona parvint à saisir le volant. La gifle partit, beaucoup trop forte, il entendit un cri. Double, ducon ! Arrête de nous sniffer les miches. On est occupés figure-toi. Derrière eux la voiture ne doublait pas. Elle se rapprochait et l'on voyait maintenant du bleu cerner les antibrouillards. Putain ! La gendarmerie. Mais quelle chierie ton sud ! Ça s'appelle le midi, connasse ! le midi !

Aux appels de phares il se rangea. Il croisa le regard d'une Mona couleur endive et descendit son portefeuille à la main.

Genoux flageolant, il partit à la rencontre des gendarmes. Ils étaient deux, tête nue. Le chef, poivre et sel, avait de petits yeux verts. C'est à lui qu'il confia le malheur de sa vie. La fin de tout. Sa femme le quittait pour son meilleur ami, un garçon qu'il considérait comme un fils. Dix ans de mariage et trente ans d'amitié foutus. Une galère comme jamais. Ça n'arrive qu'aux autres il paraît.

— Alors allez-y, messieurs, vous gênez surtout pas, verbalisez, pénalisez. Les prunes, aujourd'hui, rien à carrer.

Il regarda le chef en hochant la tête et les yeux dans les yeux, d'homme à homme, lui dit comme s'il reconnaissait l'inventeur du fil à couper le beurre :

— Vous savez, chef, on a raison pour les femmes. Il n'y a que des salopes. Celles qui vous plaquent et celles qu'on plaque.

Il conclut par un aveu de dégoût généralisé quant à l'amour humain. Puis, secouant un index autoritaire pointé vers le sol il enchaîna :

— Un contrôle anti-pollution, je ne dis pas, j'étais pas clair. Je ne suis pas certain que mon tacot soit aux normes. Provenance rosbif. Mais un contrôle de routine à l'amiable en Gironde, c'est presque un plaisir. Ça m'a fait du bien de vous parler.

Le flic, avec une expression de flic un peu dépassé par les événements :

— Pour l'instant soufflez là-dedans.

— C'est pas mon truc l'alcool, dit Emmanuel en considérant le testeur d'haleine.

— Soufflez quand même.

— C'est vrai qu'on ne sait jamais.

Coup de bol il était à l'eau depuis le matin.

— Et la dame ? demanda le collègue.

— Oh oui, la dame ! renchérit Emmanuel, faites-la souffler qu'on se marre un peu.

Le chef ne répondit pas. Il feuilletait les papiers sans s'attarder.

— Et vous venez d'où comme ça ? demanda le collègue, un petit bilieux aux bras croisés. Celui-là, si c'était pas pour fayoter qu'il ramenait sa fraise ! Des baffes, trou du cul !

— Paris.

Le fayot considérait la chemise bariolée, débraillée, le short ample et les mules de piscine.

— Qu'est-ce que vous voulez ! crut bon d'expliquer Emmanuel. Je pensais trouver du beau temps par chez vous. J'espérais qu'elle changerait d'avis en cours de route et qu'on finirait à la plage. Mais j't'en fricasse ! Elle est butée.

Le chef le regardait l'air amusé.

— Et qu'est-ce qui vous autorise à conduire comme un cinglé ?

— On se disputait.

Le policier lui rendit ses papiers et lui tapota l'épaule.

— Allez ça va, soupira-t-il. Une femme, faut bien

lui serrer la vis, c'est tout. Et la voiture, faut la laisser au garage les jours de grisou. C'est quoi ça ?

Les petits yeux semblaient chagrinés par la vision du vélomoteur à l'arrière du van, arrimé comme un youyou sur le berceau d'un yacht.

— Ce genre de bricolage est interdit en France, monsieur.

— C'est une fantaisie britannique. Je vais avoir du temps pour la démonter.

— Ne tardez pas, dit le chef en se frottant les mains. On y va, c'est pas le tout. Le temps de contrôler la dame et on y va.

Le sang d'Emmanuel se figea. Il ne tenait plus debout. Il faillit saisir le chef par la manche de son beau pull de laine et cracher le morceau, lui dire aussi qu'entre hommes on pouvait toujours s'arranger, que les femmes, hein...

Alors il y eut ces détonations dans la forêt, deux, coup sur coup. Les flics se regardèrent.

— On s'amuse bien dans le coin, fit le chef.

— Double détente, une Winchester des années soixante avec du retard à la percussion, déclara le fayot.

— Des clients pour nous, dit le chef. Vous n'aurez qu'à remercier les braconniers.

Et subitement les gendarmes n'étaient plus là. Il était seul sur la route, ses papiers à la main. Et moins une il inondait son froc. Deux points rouges s'effaçaient dans le brouillard. Il remonta dans le van et s'avachit le front sur le volant.

— Qu'est-ce qu'ils voulaient ? fit une voix presque inaudible à côté de lui

— M'empaffer. C'était bon mais froid. Ne me laisse jamais tomber, Mona, j'en crèverais.

Cent mètres plus loin il obliquait dans un chemin qui s'enfonçait au milieu des arbres. Et c'est ainsi qu'ils parvinrent à cet étang lagunaire en plein bois.

— Faut que j'aille téléphoner, dit Mona.

Demain n'est pas encore là. Il ressent au ventre une peur de condamné. Il ferme les yeux malgré lui. Sous ses paupières, la fin de l'histoire s'écrit déjà. Mona marche sur le quai brûlant d'un port. Il n'y a personne et les volets sont clos. L'école a l'air si paisible avec son drapeau français qui pendouille et ses moineaux jaseurs dans les platanes. Aucune enfant n'apparaît sa poupée dans les bras, aucune écolière à cartable, aucun tueur. L'instant suivant Mona gît les yeux ouverts, la joue dans une auréole de sang. Il peut compter les mouches affairées à la dévorer.

— Il faut partir dès qu'il fait jour, dit-elle en posant la main sur son cœur battant.

— Tu ne dors pas ?

— Tu ronfles.

— C'est le contraire, je te signale. Moi je veille et toi tu roupilles comme un joli petit loir.

— Menteur.

— Je te jure. Un joli petit loualouar.

— Ça pue les loirs.

Sous la paume de Mona, ses battements de cœur s'apaisaient. Il se mit de profil pour l'embrasser. Un baiser sans fin qu'ils entrecoupaient d'un murmure amoureux.

— Un joli petit chat, tout mignon, tout doux, comme entre tes jambes. D'accord, beauté ?

— Ça griffe les chats.

— Okay ! Tu t'es endormie comme une saloperie de coyote, babines retroussées, et tu t'es tranché le pouce en croyant le sucer. D'accord putain ?...

Ça la fait rire, elle a du mérite avec ce qui l'attend.

— Tu m'as bien compris, Mona. C'est moi qui vais devant l'école. C'est moi qui repère les lieux. Tu ne bouges pas sans ma permission. Si tu ne la vois pas le premier jour, tu la verras le lendemain. Tu m'as bien compris ?

— Mais oui.

— D'ailleurs si tu bouges tu sais ce qui se passe.

— Mais oui.

— Ils te tirent dessus.

— Je sais.

Il lui braqua sa lampe de poche dans les yeux.

— Je croyais que la police t'avait oubliée ?

— On ne sait jamais avec eux. Il n'arrivera rien.

— Ecoute, Mona, dit-il en lui caressant les cheveux. On va entrer dans la gueule du loup bien gentiment. On ne fera aucun bruit. On ne lui tapera pas sur les dents avec un caillou, les loups n'aiment pas ça. Qu'est-ce que tu veux qu'il arrive ?

— Tu as raison.

Elle bâilla comme un enfant rassasié et sa tête roula plus lourde sur son épaule. Elle se rendormait.

— Il faut partir dès qu'il fait jour, Emmanuel.

— Avec un peu de chance il ne fera pas jour.

III

Passé le pont du chemin de fer il suit la rive est du chenal, comme elle a dit. C'est clair sur le plan, clair sur le terrain. Il est dans la ville, à pied d'œuvre. La berge est craquelée, huileuse, envahie d'herbes folles. En contrebas, les enrochements. Il va s'y cacher. Pas un clapotis sur l'eau brillante. L'école est de l'autre bord, juste en face de lui, basse, accroupie sous les platanes. Patience à présent. C'est contagieux le sommeil d'une ville à l'heure de la sieste. Il se met à rêvasser, les jumelles autour du cou. Le bateau gris du carburant remonta vers le port. EURUS. Le nom lui dit quelque chose. Une étoile ? Un nom familier comme un toponyme astral. Et le chien jaune couché sur le pont, où l'a-t-il déjà vu ? Et le pavillon national brûlé par les teuf-teuf de l'échappement ? La barge s'éloignait. Sur le quai d'en face un oiseau blanc se lissait les plumes.

Carillon, sortie des classes. Il n'a plus qu'à régler les jumelles et zyeuter la meute éparpillée des écoliers. Parmi tous les braves gens venus chercher leurs enfants, lesquels sont des flics ? Lesquels sont payés par l'Etat pour assurer la garde rapprochée d'une de ces filles ? Lesquels sont armés ? Cette jeune femme d'allure sportive ne cache-t-elle pas sous sa veste en madras un colt à canon court, son arme fétiche, plusieurs fois victorieuse aux championnats inter-clubs ? Qui est Eveline Zigler, nom d'un chien ! parmi ces gamines plus gazouillantes et jolies les unes que les autres ? Ils ont tous l'air de bien se connaître, les aînés, les gosses.

Eh merde ! voilà Mona. Qu'est-ce qu'elle fout là nom de dieu ? Elle l'a suivi. Elle a tout vu, tout entendu, même le déclic du boîtier lorsqu'il a rangé les jumelles. Et contrairement à lui, elle ne flaire aucun danger. Pas de gendarmes aux abords de l'école, pas de tireurs embusqués sur les toits. Elle a rendez-vous avec sa fille et nul n'y peut plus rien. Maintenant ou jamais. A tout de suite, Emmanuel. Elle y va. La jeune femme d'allure sportive la regarde arriver entre les platanes et décroise les bras...

Emmanuel fit un tel bond sous le duvet qu'il entendit l'étoffe se déchirer. Mona gémit dans son sommeil mais ne se réveilla pas. Il était en nage, le cœur fou. Les yeux écarquillés il ne voyait rien. De l'or et du noir, indéfiniment. Le lac étincelant sous la lune. Ne pas dormir sous peine de mort, ne pas dormir sous peine de mort, ne pas dormir...

— Il fait jour ?

— Mais non.

Les premiers oiseaux chantèrent dans les cimes balancées des pins. Il y eut une aube, il y eut une aurore et le soleil se leva.

Ils virent la Méditerranée dans la soirée, le gâteau brisé du littoral au soleil déclinant, le doux pays natal de Mona. Elle connaît la région par cœur. C'est un plaisir d'obéir aux instructions d'un capitaine aussi précis. D'un mot ou d'un signe du menton, elle lui dit où aller. Elle est figée sur le siège, les mains sous les cuisses, le profil à moitié dérobé. Ça tombe bien, il n'a pas envie de parler. Elle non plus. Son regard est fait de milliers de souvenirs dont il préfère ne rien savoir. Elle pense à la petite ? Elle a du chagrin ? Elle trouve tout ça bien méchant ? Lui, c'est l'amant noyé qui l'obsède aujourd'hui. On n'en parle jamais. C'est tellement plus craquant, les enfants. Il se met dans la peau du jeune homme. Il fait nuit. Il nage, le ventre déchiré. Mona, c'est bête, n'entend pas ses cris. Elle a déjà tout oublié. Elle a des excuses, elle est enceinte. Il boit la mer à longs traits sans avoir soif.

Erreur, le sud, il s'en doutait. A Paris, il ramassait une jeune mère éplorée, victime de la stupidité criminelle et sacrificielle des lois. Il tombait amoureux à la seconde où il touchait ses cheveux pour les couper. Au sud il est le chaperon d'un assassin.

Il roule au pas le long du chemin sablonneux. Il est conscient non de bouder, mais de pouvoir donner cette impression. C'est pas souvent. Le mal du sud, qu'est-ce que tu veux. Le besoin puéril d'entendre les mots qui gomment le flou sur la vérité comme la buée sur les carreaux, disons : d'un fourgon cellulaire, quelques secondes avant qu'il ne prenne un bain forcé. L'évasion, tu peux m'expliquer ? On t'emmène en voiture blindée, poignets attachés : tu ressors d'un bathyscaphe à la nage. Je veux bien que les flics se soient battus, qu'ils t'aient coincée sous le volant, cognée, pelotée, que tu n'aies pas fait exprès de rabattre la poignée du frein. Je veux bien que tu aies eu la peur de ta vie dans cette mêlée, je veux bien tout ce que tu dis, mais j'ai beau vouloir et t'aimer, j'ai froid dans le dos. Comment ça se fait, la nuit, que je ne lâche pas ta bonne main ?

Ils arrivaient à la plage, une anse encaissée profondément entre deux falaises blanches. Sympa comme endroit. Familial, peinard. On n'hésiterait pas à laisser jouer les enfants sans surveillance. On n'imaginerait pas qu'un maniaque va surgir et leur curer les narines avec une lame de ciseaux.

Il entra sur l'aire de camping et rangea le van entre deux véhicules allemands couverts d'anges irisés, fondus à l'émail de la carrosserie. Il s'aligna comme s'il faisait partie d'une bande venue d'outre-Rhin, des gens sérieux, plus respectueux du règlement que la police elle-même.

— Et voilà, soupira-t-il en coupant le contact. On y est.

Et il croisa les bras, les yeux fixés sur la plage à travers le pare-brise empoussiéré.

Le soleil avait disparu. Sous les derniers parasols ouverts apparaissaient des corps allongés. Un athlète en bermuda ratissait le sable. Au-delà, une traînée lisse et pâle indiquait la présence de l'eau. La minceur d'une plume séparait le bord de la mer et l'horizon. Plume ou ciseau.

— Je vais faire un tour, dit Mona.

— Je t'accompagne.

— Pas la peine... Je vais tâter l'eau et je reviens.

Quand elle sortit du van il était toujours au volant. Il la vit passer entre les parasols, descendre vers la mer et se retourner pour lui faire un geste amical. Il n'y répondit pas. A peine eut-elle disparu, elle lui manqua. C'est pourtant maintenant qu'il ne faut pas hésiter. Inespéré qu'elle soit partie goûter l'eau.

Il remit le contact, attrapa machinalement le jean en boule sur la banquette et s'en servit pour essuyer le pare-brise. L'odeur de Mona flotta. Il déplia le jean à côté de lui, caressa l'étoffe usée, blanchie, déchirée sous les genoux. Sa chair l'avait parfumé, ses muscles l'avaient assoupli. Aucune fille, il ne l'a serrée dans ses bras comme il a serré Mona. Aucune autre il ne l'a voulue comme elle. Il respirait sur sa peau le secret simple de la vie. De ce trésor il doit faire son deuil. Le jean aura désormais pour écrin le canapé des schnocks où tant de fois il l'a vue pelotonnée, tant de fois il a guetté les éclairs de chair nue. Comme elle était belle, à Paris.

Elle en met du temps ! Peut-être fait-elle une rencontre ? Un baigneur attardé la voit sortir de la mer et n'en croit pas ses yeux : les globes mouvants, les ongles rongés au sang, les poils dorés. Vénus émergeant des ondes amochée par un destin d'avant la naissance. Béni soit l'horoscope ! Au premier regard, l'amour fou. Le regard est fêlé mais c'est plus tard qu'on s'en souvient, quand on a déjà perdu pas mal de sang dans la mer, et que les poissons se demandent ce que vous foutez dans leur nuit noire.

Il balança le jean par la fenêtre, arrêta le moteur, et partit téléphoner d'une cabine à l'entrée de la plage.

Il eut sa secrétaire en ligne et la vie lui parut légère. Il n'avait jamais été aussi heureux de parler à quelqu'un. Jamais aussi heureux de revenir au bureau. De la revoir et de...

Chose incroyable, la vieille pintade osa lui couper la parole. Il entendit sa voix prononcer des mots qu'elle n'avait sans doute jamais dits auparavant, d'un ton qui montrait bien qu'elle n'était pas contente, pas du tout, d'avoir à les employer. Plus d'un mois sans nouvelles, monsieur, vous vous rendez compte ! Et qu'est-ce que je fais, moi, quand la police vient ? Qu'est-ce que je dis ? C'est tous les jours, maintenant, qu'ils sont là. Ils demandent à voir les papiers, ils fouillent le bureau, ils questionnent les filles. Ils vous cherchent, monsieur. Ils disent que vous avez disparu. Ils croient que je leur mens. Il y en a même un qui a fouillé mon sac. Ils épluchent tout, monsieur. Ils vont chez vous, chez vos parents. Ils veulent savoir si vous êtes parti seul ou si la fille est avec vous, monsieur, vous savez ? Vous vous rendez compte, monsieur ? Une criminelle. Vous rentrez quand ?

Il courut au van, ouvrit la porte et passa la tête à l'intérieur : « Mona ? » Personne. Il entendit un bruit bizarre et fit volte-face. Un chien trottinait vers les poubelles. Enfoiré ! cria-t-il avec un éclat de rire désespéré. Les étoiles piquetaient une lisière bleuâtre à l'horizon. La mer étalait le plus délicat des infinis sous un ciel de cendre où la nuit s'avançait. Comme il restait aux aguets, les yeux fixés n'importe où, un phare s'alluma dans les rochers, une palpitation lente et vacillante, inexorable, qui lui donna le sentiment du malheur accompli. Il en eut la chair de poule.

Il claqua la porte du van et se dirigea vers la ligne éclairée des cafés qui bordaient la plage. Elle n'était pas aux terrasses et pas davantage au comptoir du camion-pizza où il finit par s'accouder, navré par la puissance du transistor. Une bière en vitesse, un dîner sur le pouce et il rentre à Paris. Tout ce qu'il peut espérer, maintenant, c'est le traitement de faveur accordé par la police aux indics sans états d'âme. Il a du répondant. De quoi payer les pots cassés. Il en sera quitte pour une caution. Pas de prison pour les gros bonnets. Comment font-ils, dans cette mélasse, pour chiffrer les années, décider quand la porte s'ouvre ?

Il se sentait acide et puant. La vue des saucisses et des frites racornies au micro-ondes lui coupa l'appétit. Il les fit discrètement tomber et les repoussa du pied sous le camion. Plus loin des types s'efforçaient d'installer un pylône électrique au-dessus d'un podium. Des hommes sérieux. La famille, les gosses, les copains, un boulot qui creuse l'appétit plusieurs fois par jour, une petite nageuse de temps en temps derrière un rocher. Le bonheur. Il laissa la chance d'une seconde bière à Mona. Il en avala trois autres puis une sixième, ébloui par les reflets des néons sur les pommes d'amour écarlates. Pas si fort, la musique ! Pas si fort ! Et soudain, miracle ou phénomène optique, son verre vide il le vit déborder. Il aspira la mousse et parvint à la fraîche et large gorgée qui rend philosophe et donne un sens aux abus d'alcool. Après, l'apocalypse n'est plus qu'une question d'heures. Il entendait les chats claper à ses pieds, et des frôlements lui chatouillaient les tibias. Il n'arrivait plus à décoller du bar, à prendre une décision. Rentrer, rester. Pile ou face. Paille ou foin. Une clameur montait de la plage, il se retourna bouleversé. La semelle d'acier du pylône venait enfin d'épouser les quatre goujons filetés et noyés dans un bloc de ciment. Il applaudit à son tour. Trémoussez-vous, les jeunes, le concert peut commencer. Un type accroupi boulonnait. Les autres arrivaient par ici, le short aux genoux. S'éloignant du bar il entra dans l'ombre et, son verre à la main, tituba sur la plage. Sale engeance, les étoiles. Que ferait le vieil Anglais à sa place ? Il arroserait la mer de sa verte pisse anglaise et s'en irait cuver, mains jointes et casquette sur le nez. A l'aube, frais et dispos, il se suiciderait. Il vacillait en maugréant, son verre vide au bout du bras. Il ne verrait plus Mona, ne la toucherait plus, ne l'amènerait plus au sud, jamais. C'était quoi, ces vers luisants sur la falaise ? Des boîtes de nuit ? Elle était sûrement là-haut, déjà récupérée par un mac, prête à filer à l'étranger sur le bateau d'un capitaine fauché. Je vais aller te semer là-dedans un souk dont ils n'ont pas idée.

Comme il se dirigeait vers les lumières, il distingua quelque chose au bord de l'eau. Un attroupement silencieux. L'effroi l'envahit. Il s'élança. Il arrivait à peine à courir, il tombait et repartait, des larmes l'aveuglaient. Ecœuré de bière, il n'arrivait plus à respirer quand il atteignit cette mêlée d'ombres chuchotantes. Il vit sous la lune un long canot pneumatique noir et des bras nus. A son arrivée tout bruit cessa.

— Vous avez repêché quelqu'un ? fit-il dans un cri.

— Qui ça ?

Presque d'un même mouvement, quatre silhouettes

se relevèrent au-dessus du canot, quatre hommes en short, un cinquième maintenait engagé l'avant du pneumatique entre les patins d'une remorque éclairée comme au théâtre.

Dans une vision chaotique et dédoublée se dressaient des personnages effrayants d'immobilité, les plus forts qu'il eût jamais vus. Des êtres arrivés par la mer en conquérants, invincibles. Ils avaient tous le même tee-shirt blanc sur lequel se lisaient les mots : GENDARMERIE MARITIME.

— Repêché qui ? répéta l'homme à l'arrière du canot.

Sa propre réponse le désarçonna.

— Ma fille Eveline, dit-il d'un ton suppliant. Elle est partie se baigner tout à l'heure. Elle n'est pas rentrée.

— Votre fille ?

— Tout va bien maintenant.

Il avait imaginé le pire à voix haute. Une telle peur en les voyant. Une fille, une noyade. Quelle angoisse, un enfant qui part goûter l'eau. Qui ne revient pas. Quelle angoisse, la mer, si profonde et si froide.

— Vous êtes en vacances ?

— Oui.

— Et c'est maintenant que vous y pensez ?

— J'étais sorti dîner.

Réponse nulle. Brillant, le père qui va se taper la cloche au camion-pizza pendant que sa môme arrive au fond de l'eau. Les flics, deux jours de suite, ça fait beaucoup pour un type recherché.

— La baignade, je n'y crois pas trop. C'est une futée. Elle doit traîner avec ses copains. J'y vais.

Il ne bougea pas. Il avait beau parler avec lenteur, il se sentait la bouche lourde et collante. Il y avait sûrement quelque chose à dire, une phrase qui l'autoriserait à s'éloigner sans avoir l'air de prendre la fuite.

Les gendarmes avaient reposé le canot. Ça floquait le long des boudins luisants de lune. Dans l'ombre, il ressentait l'unanimité fâcheuse de tous ces regards assermentés. Il devinait une interrogation silencieuse le concernant : « Qu'est-ce que c'est que ce clampin ?... »

— Elle est partie vers où ?

Il désigna la falaise.

— Je verrais bien comme un petit tour en boîte. C'est de leur âge et ce n'est pas méchant. Bonsoir messieurs.

— Elle a quel âge ?

La voix du flic doucha sa jovialité.

— Elle est jeune. Elle vient d'avoir douze ans.

— Ce dancing est interdit aux mineurs, monsieur. Vous n'êtes pas au courant ?

— Elle paraît plus... Et quelquefois, en trichant un peu.

— Quelquefois, en effet, fit le gendarme avec une ironie glacée. Eh bien vous y allez. Et si vous ne la trouvez pas, on retournera faire une patrouille en mer. Et on signalera sa disparition par radio.

— Je vous accompagne, dit le flic à l'avant, et il descendit de la remorque. Si elle y est ça vous évitera de revenir. Mais ça m'étonnerait qu'elle y soit.

Emmanuel se remit à marcher, le gendarme à côté de lui. Il entendait un pas régulier, cadencé, plus rapide que le sien. Il apercevait sur le côté la blancheur mortuaire du tee-shirt. Il éprouvait une lassitude extrême, une immense faiblesse, un besoin de poser la tête sur l'oreiller. Et c'était ainsi depuis des mois. Il avait sommeil à longueur de journée, il rêvait même en conduisant.

Les lumières se précisaient au bout de la plage. Pourquoi l'accompagne-t-il ce flic ? Pourquoi sans dire un mot ?

— Elle va m'entendre. En plus je n'aime pas trop les sorties en boîte. Surtout quand je ne suis pas au courant.

— Comme je vous l'ai dit, monsieur, je doute qu'elle y soit.

Cette voix calme du gendarme pour qui la parole vraie ne tremble pas, ne crie pas, ne présente aucune aspérité, ne fait battre que les cœurs anxieux.

— Elle y est tous les soirs. D'habitude elle rentre tôt.

— Elle va au Coconuts ?

— Oui.

— Ce club est soumis à des lois strictes concernant l'admission des jeunes.

Emmanuel eut une suée. Dans quelques minutes, à moins d'un tremblement de terre, il va bien falloir décliner l'identité d'une fille de douze ans disparue lors d'une baignade au coucher du soleil, et ne pas mégoter sur les détails. Tous les canots de sauvetage, tous les sémaphores, tous les pêcheurs, tous les flics maritimes en alerte, à la recherche d'une imprudente qui n'existe pas. Mona lui fausse compagnie : il noie la gamine, chapeau ! Il supplie les gendarmes de lui ramener la dépouille. Il fait la tournée des boîtes avec l'un d'eux Il n'aura qu'à téléphoner dans la nuit. Eveline est rentrée, ça y est. Plus de peur que de mal. Et si la police demande à la fugueuse de s'incarner ? De venir signer des documents ?

Ils marchaient à présent sous l'ombre carrée du dancing. On pouvait identifier comme des noix les cercles lumineux vert pâle dont s'entourait l'enseigne. Emmanuel ferma l'œil gauche et lut « Coconuts ». Un escalier montait vers la terrasse du bâtiment. Le flic annonça qu'il attendrait à la plage.

Emmanuel, abasourdi, alla sonner à l'entrée du cabaret. La porte s'ouvrit, un flot de musique déferla. Une immense Africaine en slip de bain noir et bas résille, en caraco de léopard synthétique, les poignets dégoulinant de bracelets, bénit les raisons qui poussaient ce bel aventurier à lui rendre visite en cette heure indue.

Une bouche de femme, une voix de boxeur. De mieux en mieux. Le flic s'est bien foutu de lui.

— Tu aimes les garçons ?

Et ta sœur ! connard, c'est un frangin ?

— J'en suis fou. Mais ce soir, je viens pour ma fille. Elle a douze ans, Eveline. Vous ne l'auriez pas vue ?

— Douze ans, quel amour ! On est vite en cloque à cet âge-là. Elle prend la pilule au moins ?

Revenu sur la plage, il crut un instant que le gendarme avait disparu. Il le repéra au tee-shirt, assis sur une barque retournée. Il voulut raconter en détail, avec humour et complicité, trouver des cheveux à couper en quatre et tirer des conclusions sur la jeunesse et les malentendus entre générations. Oui oui, sa fille était bien passée tout à l'heure, avec une bande de copains. Quel guêpier, cet endroit ! Pipeau la baignade ! Ça l'étonnait, aussi, ce besoin frénétique d'aller barboter alors qu'elle avait déjà passé la journée dans l'eau. Elles mentent comme elles respirent à cet âge-là.

— Eh bien voilà, monsieur, dit le flic. Bonnes vacances. Mes collègues m'attendent.

Ils entraient dans la sphère de résonance des bouis-bouis alignés. Sur le podium, le concert battait son plein sous des lumières saccadées.

— Merci de votre aide. Au revoir monsieur.

Court sur pattes, râblé, inoffensif, le gendarme repartait. Emmanuel vit enfin son dos, la blancheur sans inscriptions du tee-shirt. Il fut libre et rassuré. Il s'était affolé pour rien. Manque de sommeil. Encore heureux que le flic n'ait pas cru bon d'attendre avec lui le retour de la fille en vadrouille. Il n'aurait pas été déçu en voyant arriver Mona !

Qu'est-ce qu'elle fout ? Une bière et il y va. Il oublie tout ça. Il se remet à vivre.

Et soudain les mots GENDARMERIE MARITIME flottèrent dans l'obscurité. Le tee-shirt blanc revenait.

— Un conseil, monsieur. La prochaine fois, n'attendez pas la dernière seconde pour signaler une disparition. Aujourd'hui tout s'arrange, mais vous auriez pu le regretter.

Le gendarme souriait.

— Promis, dit Emmanuel, prêt à tomber d'accord sur n'importe quoi. Depuis que ma femme m'a quitté, j'ai du mal avec elle. Au revoir monsieur, encore merci.

Le flic hocha la tête et ce mouvement parut détourner sa réflexion.

— Au moins vous êtes en vacances dans une belle région. Vous avez une maison par ici ?

— Une quoi ?

— Une maison.

Qu'est-ce qui lui déplut dans cette phrase ? Lui parut intolérable d'indiscrétion ? Lui parut une insulte à sa dignité ? La bière illumina ses pensées, enflamma des rancunes enfouies, jamais formulées. Une maison. Un cabanon bien douillet sur la falaise. Bardé de scellés. Des petits lapins grignotant les serpolets. Une jolie femme au foyer. Des mômes en pagaille. La mer pour eux seuls. Et pas un flic pour le faire chier ! Pas un humain pour estimer qu'il est son père ou sa mère et qu'il a des droits sur sa vie. Il a déjà donné Mona une fois, mais une fois n'est pas coutume, alors basta les poulets ! S'il suffit maintenant d'un tee-shirt imprimé pour jouer les gros bras...

— Eh non, dit-il avec une solennité railleuse, un peu menaçante, pas de maison. On est à l'hôtel voyez-vous.

Et se rappelant une enseigne vue sur la place du village il claironna :

— L'hôtel des Pins.

— Vous êtes sûr ?

— Tout à fait.

Le gendarme eut l'air désolé.

— Les Pins sont en trop, monsieur.

— Quels pins ?

— L'hôtel est fermé. Il a brûlé le mois dernier. Alors ? Vous êtes où ?

La question s'amplifia soudain, l'entourant d'un tonnerre ouaté. Tympans douloureux, envie de pleurer, de n'être plus jamais le petit garçon d'hier, soupçonné, mis au coin, montré du doigt, consolé par des barbons. Ça te regarde où je suis ?

C'est alors qu'il vit les autres tee-shirts sortir de l'ombre et remonter vers eux.

— Voilà vos collègues, fit-il d'une voix piteuse.

— Vous êtes où monsieur ?

La sueur dégoulinait dans son dos. Il rendrait volontiers sa bière sur les mocassins du flic. Il a les mêmes à Paris. Ce goût salé dans la bouche, c'est peut-être la mer. Le chagrin n'est pas moins salé. Un simple tee-shirt, et l'humanité se réunit en cercle pour compter les points, prête à déchirer son semblable, à témoigner qu'il mérite la mort.

— J'arrive, souffla-t-il en se touchant les tempes.

Le mot GENDARMERIE faisait une ronde folle autour de lui. Des voix s'élevaient de ce tournoiement vertigineux. Une dizaine de cœurs lui battaient dans les veines. Une parole de trop, le sud est fichu. Une parole, un seul mot, celui qu'il préfère au monde et pour lequel, sans blague, il n'hésiterait pas à tuer. Mona, Mona, sa petite femme, il la perd, c'est fini. Elle ne l'aimait pas ? Elle était à lui quand même. Son histoire devenait la sienne. Il ne la sauverait plus. Disloquée, la famille. C'était si doux, si vrai, leur illusion pour tous les temps.

— Où je suis ? dit-il les larmes aux yeux.

Il se mit à bredouiller sourdement, à blasphémer, à prier, lâchant ce filet de voix qui porte les signes indéchiffrables d'un mystère ancien comme le premier mot buriné dans un caillou. Fermant l'œil gauche, il balaya les parages et reconnut l'ombre du van entre les Land Rover allemandes. Aucune lueur aux fenêtres, hé, hé ! Elle dort, il est sa bête à bon dieu. Se tournant vers le policier, il s'efforça de soutenir son regard à deux yeux. Le bougre, il se multiplie. Seul contre tous.

— Où je suis ? Je suis là. J'en suis là. C'est déjà pas mal. Tous les jours on est ailleurs. Ça dure et ce n'est qu'un début. Encore cinq milliards d'années à tirer, les gars.

— Il est plein.

Plein d'amitié, mais oui. Et plein de haine aussi. Il apporte un message de paix. Fichez-moi la paix. Il n'est personne en particulier. Il a ses mains nues, ses poings. Il n'a rien à dire, la parole est sacrée. Et le premier qui lui manque de respect s'en mange une.

Les gendarmes l'encerclaient.

— Je crois que vous allez devoir nous présenter vos papiers, monsieur.

— Le contraire m'eût étonné.

Emmanuel tendit ses avant-bras et fit se heurter ses poignets l'un contre l'autre.

— Des papiers, j'en ai pas. De temps en temps on m'en prête. Je les perds. De toute manière ils sont faux. Et vous, à part le tee-shirt, vous êtes qui messieurs ?

IV

Mona se retourna pour la dernière fois. Il n'y avait personne, il ne la suivait pas. La chaleur tremblotait sur le sentier vide. Elle n'avait toujours pas l'impression d'être seule. Elle n'osait pas crier son nom de peur qu'il répondît. Est-ce qu'il aurait l'idée de grimper sur la falaise ? Il ne sait pas qu'un sentier court sous les herbes et va jusqu'à Port-de-Bouc. Elle se hâtait sans voir la mer, entraînée dans la foulée d'une autre Mona qui la suppliait d'aller vite, et plus vite encore. La poussière autour de ses chevilles était douce comme autrefois. Elle brûlait d'impatience, incapable d'enrayer le flux des sensations. Il y avait du vent, passé la côte, on entendait le froissement des roseaux dans la baie des pêcheurs, on devinait les tuiles rouges du cabanon bien caché sous les pins. Et du plus loin qu'il l'apercevait, Tom ouvrait les bras pour qu'elle vienne s'y jeter, s'y perdre. Il avait beau jurer qu'il ne l'aimait pas...

Quand elle atteignit la baie noyée d'ombre, elle n'avait pas entendu crisser les roseaux. Elle s'approcha lentement d'une bicoque délabrée qu'elle hésitait à reconnaître. Elle n'accorda qu'un bref coup d'œil aux scellés ternis déjà vus le jour de la reconstitution. Elle considéra la persienne arrachée, les tuiles en miettes et les mots orduriers tagués sur le crépi qui s'écaillait. Elle n'essaya pas d'entrer, pas plus qu'elle ne voulut franchir le seuil de l'appentis. Elle sait bien ce qui l'attend, va, dans ce gourbi, le minuscule enfer d'un instant qui ne veut pas cesser. Nul besoin d'entrer pour voir la planche où Tom découpait les lapins, les poissons, où son père avant lui les découpait. Nul besoin d'entrer pour voir le ciseau briller et se balancer au clou, pour entendre le couinement du métal rouillé.

Elle gardait les yeux baissés, ne faisait pas un geste. Tom allait sortir de l'appentis, ses affaires de plongée sur l'épaule. Elle guettait son pas de loup sur la terre battue, son air finaud. Elle est donc toujours à lui, à ce vaurien. L'oubli ne veut pas d'elle ou bien c'est elle qui ne veut aucune ombre sur les souvenirs dont ce voyou l'a pétrie. Il ne mentait pas quand il jurait qu'elle était la plus jolie fille du monde et qu'après tout c'était déjà ça. Il ne mentait pas quand, la regardant nue sous ses cheveux noirs, il ricanait : « C'est pas qu'une question de beauté, bébé. C'est con pour toi. » Il n'a jamais su qu'elle attendait un enfant. Elle ne saura jamais s'il était un salaud. S'il jouait la comédie.

A travers les hautes herbes, elle descendit à leur cachette au bord de l'anse, un recoin protégé du vent, délimité par les bambous et les pilotis d'un embarcadère en ruine. Elle s'agenouilla devant un assemblage de briques noircies provenant des gravats du chantier. C'était là qu'ils faisaient du feu, dînaient, se couchaient à la belle étoile et rêvaient du sud. C'était là, d'une roche plate à fleur d'eau qu'ils plongeaient. Ils allaient au large. Il la prenait sur son dos et il l'oubliait. Il chantait en nageant. Elle se réveillait enveloppée d'une serviette à côté du feu... Et tandis qu'entraînée dans les souvenirs elle effritait la cendre collée sur la brique, elle entendit un tapotement sec et familier.

Elle regarde Tom à travers une fissure de la lessiveuse léchée par les flammes. Il jette à cuire les morceaux de lapin, remue les braises et des étincelles voltigent autour de lui. Les ombres jouent sur son visage. Il sourit de l'autre côté du feu. Ses lèvres bougent sans émettre aucun son. Il est fort, menaçant, même quand il se tait. Il a toujours l'air de cacher quelque chose et de se méfier. Regarde-moi, Tom. Lis dans mes yeux. Elle n'osera jamais lui dire. Elle en a tellement envie.

— Tom...

— Ça chauffe, bébé, patience... Va plutôt nous chercher du thym.

— Oui, mais Tom...

— Fous-moi la paix, Mona, j'ai à te parler.

Il sourit vers le feu. Il tient une petite pelle de fer. Il s'en sert pour éventer les braises et pour assurer les briques sous la lessiveuse. De sa main libre, il la caresse aux jambes, aux fesses, sous la jupe. Elle est née dans cette main qui l'écrase de temps en temps, la froisse comme une menthe ou la déploie comme une eau vive, ou la fouille comme une blessure et la guérit. C'est pour lui seul et pour qu'il ne s'en aille jamais que son corps se laisse façonner, enfoncer, que le désir la brûle au ventre. La première fois, elle a cru qu'il plantait son couteau dans la terre, elle s'est évanouie.

— Tom...

— La paix !

Il plonge un doigt dans la lessiveuse et le porte à ses lèvres.

— Ça manque de sauge, mais c'est bon. Comme toi, bébé. C'est chaud et parfumé. On va se régaler.

— Tom...

— Jamais tu la boucles ? T'as toujours un truc. Aujourd'hui c'est moi. Lève la tête, un peu ? Arrondis la bouche. On dirait que tu vas siffler, j'aime ça. Tu m'écoutes ?...

— Qu'est-ce qu'il y a ?...

— T'es bien curieuse, dis donc. C'est pas beau la curiosité. Pour la peine tu sauras rien.

Il rit, ne dit plus un mot.

Lui, pour savoir ce qu'il a dans la tête ! Il ne prend rien au sérieux, il aimerait n'avoir aucun sentiment. C'est à la fin du dîner, après qu'ils ont bien bu tous les deux, qu'il vide son sac.

— Un pays de merde, ici. Il n'y a que les torchères qui pètent le feu. Faut partir, bébé.

— On part où ?...

— Avec ton père on voulait monter une affaire de plongée dans le sud.

— Je sais, Tom.

— Le pays du fric et du cul.

Il hocha la tête en contemplant les flammes, les yeux voraces et brillants.

— Un truc dément sur les villes englouties, sur les épaves. On aurait eu un bateau. On aurait vendu des croisières à des nymphos. T'as des femmes, elles viennent spécialement du nord se taper des mecs du sud.

Là-haut, c'est tous des phoques. Les villes englouties, c'est bidon, tu m'as compris. Tout le monde s'en fout. C'est un alibi pour les femmes mariées. Le truc béton pour venir se déloquer au soleil et claquer le pognon du ménage avec les mecs du sud. Sur le bateau, j'te dis pas. Fiesta tous les soirs. Moi au micro, ton père à la gratte, on emballait d'enfer, bébé. On se faisait le fric et les femmes. Et en plus...

Il la regarde entre les flammes. Il a son sourire d'ange intimidé.

— ... Elles auraient passé les plus beaux jours de leur vie. Ça compte, ça, pour une femme, les beaux jours de la vie. Tu ne crois pas ? Pose-toi la question.

— Mon père il était comme toi ?

— Il était d'enfer.

— Pourquoi il n'est jamais revenu ?

Il fait un clin d'œil.

— Parce qu'il est mort.

— Et avant ?

— Parce qu'il était pas mort.

Sale mec ! Il défend toujours son copain en trois mots. Il n'aime pas qu'elle en parle. On dirait qu'il est à lui, son père à personne d'autre. On dirait qu'elle y est pour quelque chose, s'il est mort, et qu'elle doit payer. On dirait qu'il est jaloux d'elle à cause de son père. Elle l'a connu ? Elle s'en souvient peut-être ?

— Justement, il pouvait revenir.

— Il investissait.

— Ça ne l'empêchait pas de revenir.

— Il investissait, j'te dis ! Ta mère elle n'appréciait pas.

— Ma mère dit qu'il n'avait pas un rond.

— Une foutue salope, ta mère ! Elle voulait tout lui piquer. Va lui demander si tu ne me crois pas.

Elle a essayé. Elles ont essayé toutes les deux d'en parler. Un couple s'aime. Ils se querellent et chacun sa vie. Ils ont une fille. Lui n'envoie pas d'argent. Il est pauvre là où il est, au sud. Un jour il en enverra ou il reviendra. S'il le dit c'est vrai. Il finira bien par s'enrichir. A Noël, pour la narguer, elle offre un bidon d'essence à sa mère : de la part de papa, maman. Papa, c'est le roi du pétrole ! Et ce jour-là c'est un grand feu dans le jardin, tout est brûlé, les photos du mariage, le tiroir aux lettres, les pantalons oubliés. Avec les années elle devient méfiante, injuste, et sa mère ne supporte plus cette enfant qui la juge et l'épie. Tous les défauts qu'elle a son père les a. Et comme elle n'a pas de qualités. Elles se battent à cause de lui. A seize ans, lorsqu'elle rencontre Tom à une soirée, elle n'est guère plus avancée sur l'homme qui l'a faite. Tom est mécano sur le port. Il travaille à l'entretien des moteurs marins et des bouées, mais sa vraie nature est poisson-pilote. Chez lui, c'est au sud. Où ça ? Trop facile, bébé, t'as qu'à chercher toi aussi. Quand il arrivera là-bas, il sera sûrement trop vieux ou trop essoufflé pour ne pas mourir, mais il ira quand même. La plupart des oiseaux migrateurs ont déjà les yeux fermés quand leurs pattes touchent le sol. Elle ne comprend rien, mais elle est bercée par le souffle des mots, portée comme elle ne l'a jamais été par aucune voix de garçon dans les bals. Rien en lui ne fait penser à la beauté, rien n'est laid. Rien en lui n'est à la mode, rien ne ressemble à des choses qu'elle a déjà vues. Il a les muscles d'un fauve. Il a trente-cinq ans, il en paraît vingt. Il ne fume pas, mais il enflamme des allumettes en parlant, c'est elles qu'il regarde et la flamme ondule au fond des yeux vert sombre. Il porte un bracelet de cuir au poignet gauche. « C'est quoi, ce bracelet ? – Un souvenir, bébé. C'est ton père qui me l'a donné. »

Le soir même ils allaient au cabanon pour la première fois. Il l'a couchée sur un lit d'herbes marines en disant : dans l'eau t'auras pas mal. Quel salaud ce Tom ! Depuis elle est à lui tous les jours et pas une fois il ne l'a rejetée. Et maintenant qu'elle est enceinte elle éprouve un tel bonheur qu'elle veut bien tout affronter pour garder l'enfant, même la violence de Tom.

— Ma mère dit qu'il est parti à cause de toi.

Il plonge une main dans sa chevelure, comme elle aime, doigts écartés, et remonte sous la nuque. Puis il tord ses cheveux en faisant : « Ah... ah... Tu vois ? » et quand ses larmes jaillissent il lâche prise et la repousse au loin.

— T'as compris, maintenant ?... Il est parti pour se faire du blé. C'est humain, non ? T'investis dans un beau pays : c'est bien. La guerre éclate : c'est chiant. Le pays se fait niquer : c'est super-chiant. La plateforme explose : c'est pas chiant, pas du tout. C'est sans commentaire. Et ta mère elle est sans commentaire aussi. Alors je lui conseille de la boucler. Comme à toi.

Du bout des doigts il essuie les pleurs sur ses joues.

— J'étais sûr que tu chialais, dit-il d'une voix stupide. T'arrête pas, aujourd'hui.

Elle le hait, elle ne veut pas céder. Ce n'est pas du

tout la soirée qu'elle imaginait. Elle n'aurait pas dû lui parler de son père.

— Et pourquoi ils l'ont enterré là-bas ?

Ça le fait rire, ce salaud !

— Enterré ? On ne l'a jamais retrouvé.

— Ma mère m'a dit...

— Ta mère t'a bourré le mou. Déjà qu'elle ne peut pas me saquer. Ces enculés avaient plastiqué les pylônes. Tu sais ce que ça fait, une plate-forme pétrolière quand elle te saute à la gueule ?... Alors. Et puis c'est infesté de requins là-bas.

Il se ressert à boire et lui fait un clin d'œil. Le regard signifie que les mots n'ont aucun sens et qu'elle a tort de venir s'y briser, sans cesse, avec des questions bidon. De toute manière il ne reviendra pas, bébé. Il est mort : il est mort. On n'en a plus rien à cirer, du vieux. C'est nous la vie.

— Et moi, il te parlait de moi ?

— Bien sûr, bébé. Tu le prends pour qui !

— Il te disait quoi ?

— Qu'il avait une fille.

Il jette au feu son verre de rosé, soupire et lui prend la main. Et couchée sur la terre à côté du feu, aimée par Tom, enceinte, elle regarde les étoiles, elle rêve. Elle est heureuse et le mot court sur la mer jusqu'à l'horizon. Et la nuit n'en finit pas.

— Et toi, Tom, le jour où t'auras un gosse, tu feras quoi ?

Il se dégage. Jambes écartées il pisse en fredonnant sur les braises. Il met ses palmes et boucle autour de sa taille une ceinture de plomb. Son ombre dessinée par le feu reprend tous ses gestes sur le sol.

— C'est les femmes qui ont des gosses. La nature est comme ça. Si t'étais pas au courant, c'est fait.

Le dégoût lui tord la bouche. Il la regarde avec une gravité d'enfant.

— Ecoute-moi, bébé. C'est une mère, une femme enceinte. Une mère sur son œuf. Je baise pas ça, moi. J'ai une mentalité. Baiser un œuf ? A gerber. La mère et le môme à l'intérieur ? A gerber.

Elle se sent perdue.

— Et si t'en as quand même un ?

— C'est pas moi la gonzesse.

— Tu le laisseras comme mon père a fait ?

— Ça va, ça va les questions... Allez viens.

Sale type. Tant qu'il n'a pas eu toutes les filles, tant qu'il n'a pas saigné tous les lapins, ramassé tous les lingots d'or, il trouve ça nul d'exister. Il frime, il veut qu'on l'admire et qu'on lui baise les pieds. Même pas à lui, son couteau. Il l'a trouvé dans l'appentis, il est à elle. C'est son père qui l'a fabriquée, cette lame, avec le ciseau d'un traceur. C'est lui qui l'a décorée comme un poignard. Le musée du chantier paierait cher pour l'avoir.

— Tu dirais quoi si j'avais un petit copain ?

Il la regarde ahuri.

— Qu'est-ce que j'en ai à branler. Tu peux te faire foutre par le monde entier. T'es jamais qu'une fille.

— C'est pas le monde entier, c'est un mec super.

— Il tire bien, au moins ?

— Ecoute, Tommy. J'ai pas envie de parler de ça. Toi aussi t'es super.

Il s'approcha les palmes aux pieds, les paupières baissées, les pouces à l'intérieur de la ceinture de plomb. Les yeux à terre, elle vit bouger l'ombre d'une main sur le sol et le coup lui tomba dessus, à toute volée. Elle sentit craquer les cartilages de son nez, elle eut un goût de sang dans la bouche.

— De la part de ton père, dit-il avec une rage froide. Sa fille, une pute, heureusement qu'il est mort, le vieux.

— Toi aussi t'es vieux.

Cette fois elle reçut une claque de mauvaise élève, en pleine joue, une calotte assourdissante qui la vexa.

— Alors, ce type ?

— Super.

Encore une claque, sur la même joue. Elle sourit à travers ses larmes et lui dit qu'elle ment. Elle ne veut pas être fâchée, pas ce soir. Elle n'a personne. Elle n'est qu'à lui, mais il est furieux quand même. Il a beau jurer qu'il ne l'aime pas il est fou d'elle. S'il l'aime et s'il veut la garder, elle peut tout pardonner. Elle est à ce vaurien meilleur qu'il ne pense et plus amoureux qu'il ne sait. Quand il s'enfonce en elle, on dirait qu'il cherche à naître encore une fois. Elle est la terre où il est déjà né. Elle veut y croire à cet instant.

— On va se baigner, dit Tom.

Il se laisse tomber à l'eau. Dans le noir glissent des ondulations dorées.

Voilà un moment qu'ils nagent, elle est fatiguée. Ils sont à la bouée d'eau profonde et Tom a plongé sur la chaîne où vivent des huîtres sauvages, des pieds-de-cheval. La bouée s'allume, s'éteint. La peau de Tom verdit à chaque lueur.

— Encore un plongeon, dit-il, et le sac est plein.

Il n'est plus là. Elle s'agrippe à l'anneau rouillé sur la balise. Elle est épuisée. Les torchères n'ont jamais été si loin. Elle veut lui dire maintenant, tant pis, savoir s'il est aussi salaud qu'il prétend l'être. Elle gardera l'enfant jusqu'à ce qu'il l'aime et le caresse à travers son ventre, et lui parle tendrement comme il sait parler quand il est ivre. Alors elle sent deux mains se refermer autour de ses chevilles, elle éprouve une peur à hurler, la mer envahit sa bouche. Après une traction qui la fait couler, Tom reparaît en poussant des cris et des rires.

— Prends le sac, je suis crevé.

C'est lui qui plonge, elle qui porte. Il est bien organisé l'animal. Il chantonne à côté d'elle en nageant. Il ne lui demande même pas si ça va. Il a raison. Elle répondrait : très bien, Tom, ça va très bien. Elle arriverait au fond de la mer en lui jurant qu'elle va très bien, Tom, et qu'elle n'est pas fatiguée. Le sac se fait lourd et tire par à-coups sur la ceinture lestée. Les palmes la gênent. Les torchères sont toujours aussi loin. Elle ne tiendra jamais jusqu'à la rive, elle est déjà tout essoufflée.

— Tu vois là-bas ? dit Tom en se retournant.

— Le sud, je sais.

— C'est là que je vais.

— Tu me l'as déjà dit.

— Cette fois j'y vais pour de bon.

Elle est si fatiguée qu'elle pense avoir mal entendu. Le sud, toujours le sud, son père, la plate-forme, et jamais rien de précis, de sûr, pas même une date, pas même une vraie guerre, et personne pour lui raconter l'explosion. Des pêcheurs guinéens en barques fouillant la mer vide où les requins ont jailli maintes fois du bleu scintillant pour s'assurer qu'il n'y avait plus rien à manger à la surface de l'eau. De son père il reste un bracelet de cuir au poignet d'un copain hospitalisé sur le continent, le jour de l'attentat. Un bracelet gravé au feu, *Bruno Zigler, 1963, quai des agglos.* Pourquoi le dessin d'un cœur ? Pourquoi son prénom : *Mona* ? Elle n'est pas encore née. Tom, le moussaillon du chantier à l'époque, ne se rappelle aucune Mona. Tout ce qu'il sait dire, c'est qu'un enfant n'a pas à juger son père quand il n'est sûr de rien.

— Tu vas où ?

— En Afrique. Un forage au large. Un boulot d'un ou deux ans. Ça dépend du résultat. Des couilles en or, bébé.

— Tu pars ?

— Paraît.

Son cœur ne battrait pas aussi violemment, elle penserait qu'elle dort, qu'elle est en train, une fois de plus, de rêver ses angoisses.

Il s'éloigne, elle a du mal à respirer.

— Tom, supplie-t-elle, tu pars ?

— Ça va les questions ! T'es gâteuse ou quoi ?

— Tu pars quand ?

— J'en sais rien. Le plus tôt sera le mieux. Demain.

— Demain ?

— Dans ces eaux-là. Ou la semaine prochaine. Question de charter.

Elle n'avance plus, elle palme juste ce qu'il faut pour ne pas couler.

— Et moi ?

Il nage à nouveau loin devant, l'incident est clos. Il est pressé de manger ses huîtres.

— Et moi ? lance-t-elle comme un appel au secours.

Elle entend râler dans le noir et jurer. Il ne s'approche pas, il tourne autour d'elle, furieux. Il lui conseille de se dépêcher.

— Et moi, tu ne m'emmènes pas ?

— Tu viendras plus tard. Dans un an ou deux. Ça dépend du résultat. Je t'écrirai. T'as qu'à te marier en attendant.

Il tourne à distance, il ne veut pas de regards entre eux. Elle entend une voix sifflante :

— Pourquoi tu n'épouses pas le petit connard de tout à l'heure ?

— Il n'existe pas.

— T'as qu'à chercher. Il finira bien par exister.

Elle a peur de mourir, elle se trouve mal, elle a besoin d'être sauvée.

— Viens, supplie-t-elle. Arrête de tourner, viens.

Une première gorgée d'eau la fait hoqueter. Elle cherche à dégrafer la ceinture lestée, mais ne parvient qu'à serrer la ceinture un peu plus. Elle s'affole, avale de l'eau, ses muscles se nouent. Elle ne palme plus que d'un seul pied.

— Qu'est-ce que tu fous ? dit Tom. T'es quand même pas en train de larguer les huîtres ?

— Aide-moi.

— Putain ! Je me suis pas fait chier à plonger pour que tu les bazardes en douce ?

Il se rapproche, il a des yeux effrayants. Il ne la saisit que pour l'écraser sous son poids. Elle n'entend plus rien, il fait noir, elle est à l'intérieur de la mer, elle tombe et se débat dans un cauchemar invisible et muet. Elle essaie d'arracher la ficelle du sac. Tom lui tord les doigts. Elle dégage une main, sent le manche du couteau de plongée sur la cuisse de Tom. Elle prend appui sur ce manche de corde et d'acier, Tom lui tord le poignet. C'est pour une gorgée d'air qu'elle tue, pour trancher la ficelle du sac aux huîtres et remonter vomir à la surface. Elle voit la danse des torchères au ras de l'eau. Le cri qu'elle pousse alors, aucune bête ne l'a poussé. Elle sanglote en nageant. Aucune bête, aucun humain n'a jamais aimé comme elle aimait Tom. C'est toujours ce qu'elle s'est dit, en cellule, quand elle entendait son cri déchirer les murs, les années, réveillant cette vieille nuit dans le golfe de Fos où elle le poussa pour la première fois.

V

Elle avait regagné la rive à la nage. Elle s'était traînée jusqu'au feu. Les braises rougeoyaient encore. La cruche de vin gisait entre leurs deux assiettes et leurs deux gobelets, la radio jouait en sourdine. Un chien n'arrêtait pas d'aboyer au loin. Elle n'éprouvait aucun chagrin. Elle errait dans une autre époque. A son réveil, des milliers d'oiseaux tournaient sur la mer, le soleil montait. Elle avait une palme au pied gauche, à moitié fondue sous les tisons refroidis. Elle avait à la main cet objet qu'elle reconnaissait à peine, un bout de ciseau. A l'origine, il servait au découpage des gabarits pour les navires. Elle a posé le fil du ciseau sur son poignet. Elle a sangloté sur un poignet qu'elle ne se résignait pas à trancher, qu'elle ne voulait pas trancher, sur l'enfant qu'elle portait, sur une vie qu'elle ne pouvait ensemble perdre et donner. Et ne sachant quelle folie commettre pour s'aider à mourir, elle est allée raccrocher le ciseau parmi les outils du râtelier. Ce couinement du métal balancé quand elle l'a remis au clou dans l'appentis sans lumière, excepté le reflet brillant par éclats sur l'acier.

A sa mère, elle a dit qu'elle l'avait tué. Elle a dit aux policiers qu'il s'était noyé. Des oiseaux, oui, à coups de bec, des milliers d'oiseaux dans la nuit. Elle a juré. Mensonge, mademoiselle Zigler. A croire qu'ils entendaient le ciseau se balancer dans l'appentis. A croire qu'ils voyaient les poissons gesticuler autour de la bouée dans un brouillard de sang. Garde à vue, dépôt. Jour après jour les séances avec les psychiatres, avec cet avocat mollasson qui lui reproche son orgueil. Jour après jour, son esprit comme un sac de nœuds entre les mains d'inconnus décidés à les rompre tous. Plus ils s'acharnent et plus elle se noue. Elle aime un enfant qui va naître en prison, qu'elle devra donner à des tiers si jamais... Jour après jour. Vous mentez, mademoiselle Zigler. La vérité n'est pas une obligation, mais le mensonge ajoute au crime. Il durcit la justice. Il indispose les jurés. Il isole un prévenu. Le juge est teigneux, matois. De toute manière il n'y comprendra rien. Ce n'est pas un juge et ses jurés qui lui diront ce qu'ils avaient sur le cœur, elle et Tom. A la police, mademoiselle Zigler, vous avez parlé d'oiseaux. Mensonges. Puis vous avez parlé d'un coup de couteau. Un seul. Mensonges. Combien de frappes, mademoiselle Zigler ? Une seule. Vingt-sept frappes, mademoiselle Zigler, pas une de moins. C'est de l'acharnement. Elle a jeté un œil aux photos qu'il poussait vers elle. Les surveillantes l'ont ramenée sans connaissance à la cellule. Et durant près d'un mois, elle s'est abîmée dans un rêve où d'invisibles poissons l'assaillaient, rendue folle par ce grouillement d'oblades à la curée, suppliant Tom de l'aider, de parler, hurlant et frappant dans tous les sens. Et plus elle frappait plus il en arrivait, plus la mer avait un goût de sang.

Au tribunal, sa mère vient témoigner. Bonne mère, elle ne l'a pas toujours été. Elle s'en veut. Elle a les yeux pleins de larmes. Elle pourrait la regarder, au moins, rien qu'une fois. Elle repart soutenue par un agent. C'est après qu'a lieu l'exposition des saisies.

— Mademoiselle Zigler, reconnaissez-vous ces objets ?

Elle voit un juré se pencher par-dessus la table et sourire à la vue du ciseau, de la palme fondue, de la pelle de fer. Elle rougit dans le box.

— L'eau ne permet pas la définition des empreintes sur le métal. Ainsi, vous êtes le seul témoin du crime qui causa la mort par noyade et par blessures de M. Thomas Cathurla. Est-ce vous qui l'avez frappé ?

— ...

— Combien de fois l'avez-vous frappé ?

— Une fois.

— Vous mentez. Pourquoi avoir gardé l'arme du crime ?

— Elle était à mon père.

Il y eut d'autres questions. Elle ne répondit pas. Elle est comme eux, les jurés, les juges. Elle regarde une lame de ciseau dépourvue d'empreintes. Elle cherche à comprendre. Elle se rappelle un instant fermé comme une pierre. La pierre ne s'ouvre pas. Qu'est-ce qu'elle y peut si la vérité n'est pas un mot qu'elle retient par diablerie.

On décrivit sa personnalité. On blâma ses mensonges et sa dissimulation, son art de la réponse à tout, son génie du mutisme hautain. On revint sur le détail des faits. On la jugea. Coupable ? Oui. Meurtre ? Oui. Préméditation, oui.

— Vingt ans.

On l'emmena.

Ne vous tourmentez pas, lui dit l'avocat. Nous instruisons une requête en révision. C'est long. C'est une première, après les assises. Elle ne s'inquiétait plus de rien. Elle ignorait la longueur du temps. Elle était la 207 depuis déjà pas mal d'années. Face à la vitre, elle imaginait un couloir de verre où vingt années durant, jour et nuit, elle devrait marcher pour embrasser l'enfant dont elle est privée. Et dehors, une jeune femme inconnue se pencherait sur la vieillarde agonisante et lui dira : c'est moi, maman, c'est moi.

Elle attend la seconde où la porte s'ouvre, où la jeune femme apparaît au bout du couloir, où elle s'élance. Elle s'oppose à l'adoption. Elle est sa mère, Eveline est la fille de Tom. Elle fait bloc avec ce qu'il y a de plus secret dans sa chair depuis qu'elle est en vie. Elle n'a pas de mot pour un tel refus. Pas plus qu'elle n'en avait pour son crime avant qu'il n'eût lieu. Pas plus qu'elle n'en a maintenant. L'assistante revient. Ces gens si bien qui la voulaient, vous vous rappelez ? Ils cherchent ailleurs. Ils sont déçus. L'assistante repart, laissant des photos qu'elle ne regarde pas. Les jours et les nuits n'ont plus aucun sens. Elle vit dans une boîte, elle s'éteint. Ce couinement, quand cessera-t-il ? Les deux mains sur les oreilles elle l'entend, plus fort que le bruit du sang dans les veines. Elle se bat contre les oiseaux dont Tom est couvert, contre les oblades. Chaque jour les parois bougent d'un millimètre à sa rencontre. Dans vingt ans, elle ne pourra plus se retourner. Les murs écraseront son dernier battement de cœur.

Sept ans plus tard, elle découvre un cheveu blanc sur son oreiller. Qui donc est entré pendant la nuit ? Qui l'a glissé sous sa joue ? Elle demande à voir l'assistante sociale. Quel âge a ma fille ? On va faire la lettre à ces gens si bien. Je dis quoi ? La vérité, sur papier libre. Vous autorisez l'adoption d'Eveline et vous signez. C'est tout ? C'est tout. *J'autorise l'adoption d'Eveline, mon enfant. Mona Zigler.* C'est parfait, madame Zigler. On va recommencer. On va lui donner une tournure officielle si vous voulez bien. C'est une pièce administrative appelée à circuler. Je vais vous aider. Ecrivez. *Je, soussignée Mona Zigler, mère d'Eveline Zigler, donne à Madame Guénan Jeannine et à son mari Joseph, tous pouvoirs d'adopter mon enfant qui portera leur nom. Je m'engage par la présente à me conformer aux lois françaises relatives à l'adoption. Je sais qu'à dater d'aujourd'hui, je dispose d'un délai de trois mois pour me rétracter.*

Un an s'écoula. Elle avait tenu bon. Elle se persuadait chaque jour qu'elle avait oublié, qu'elle n'était plus rien. D'ailleurs il ne s'était rien passé. Elle n'a pas tué, pas enfanté. La vie s'en va. Une vie qu'elle s'était juré de ne laisser ni mourir ni vieillir. Ce n'est pas une douleur insurmontable. Un jour, l'avocat. Félicitations, mademoiselle Zigler. Notre requête vient d'aboutir. On vous emmène à Toulon cet été, juste après la vacance judiciaire. Vous serez rejugée.

VI

Le jour point, le temps succède au temps. Pelotonnée sur la terre battue, la brique entre les mains, Mona se redit qu'elle doit partir. Qui l'attend désormais ? Emmanuel ? Elle ne bouge pas. Elle est arrivée au but et ce but l'a détruite. Elle n'a plus d'enfant. Bravade, son vœu, désespoir. Port-de-Bouc, il faudrait l'y traîner. Ses yeux, les ouvrir de force. Où chercher, d'ailleurs ? A quelle porte frapper ? Vous n'auriez pas vu ma fille ? Une enfant dans les huit ans. Elle n'est pas chez vous ? J'ai fait un mot d'autorisation. Ne lui dites jamais que sa mère l'a donnée. Brûlez ce mot. Elle entendait une respiration sifflante. Elle voulait être loin, le plus loin possible, et ce n'est pas les gendarmes qu'elle fuit, désormais, c'est le regard d'une petite bête humaine dont elle fut le premier hier, la première vie. Elle n'a plus aucun rôle à jouer. Tout s'efface autour d'elle et dans sa voix. Son père n'est pas venu. Tom a disparu. Adieu, grenouille.

L'après-midi, écrasée de chaleur, elle partit s'agenouiller au bord de la mer et but. Et ce fut machinalement, sans l'avoir décidé, qu'elle s'en alla. Arrivée sur le sentier côtier, elle ne se retourna pas vers le cabanon. Plus rien ne la retenait au sud.

Tant mieux pour Emmanuel si jamais elle s'écroule avant d'atteindre la plage. Elle n'a rien à lui donner. Elle a déjà tout donné. La vie, la mort. Elle a donné l'enfant. Je soussignée. Je Mona Zigler. Elle avançait comme un vieillard, des bouts de phrases aux lèvres. Elle avait conscience en marchant d'entendre chanter. C'était dans sa tête et dehors. Tantôt l'un, tantôt l'autre, un air familier. Une plainte réitérée d'accords profonds et monotones, avec les flûtis d'un ocarina. Elle s'en rendait à peine compte, une musique de toujours. Elle faillit ne pas revenir sur ses pas. Elle faillit laisser la voix s'éteindre, et les souvenirs flotter, s'effacer. Elle et Tom, autrefois, c'était leur chanson préférée.

Elle s'arrêta, retint son souffle, écouta. Une force inconnue la prit aux épaules et la ramena dans la baie. L'air était baigné de mirages. La voix glissait, l'ocarina flûtait. Elle vit la mer d'huile, elle vit sur le ponton en ruine un sac à dos fantaisie, elle vit un transistor noir, antenne levée, n'en crut pas ses yeux. Des transistors noirs, il y en a des milliers de par le monde, ils se ressemblent tous. Au même instant remonta sur les planches avec un rétablissement d'acrobate une fille en maillot de bain jaune paille. Elle avait de longs muscles aux jambes, les bras fins et dorés. De dos, elle paraissait douze ou treize ans. Quelques mètres l'en séparaient. Mona ne bougeait plus. Ses oreilles bourdonnaient, ses paupières brûlaient, elle avait la lumière en plein dans les yeux. La musique cessa. On, off. Elle entendit le déclic. Le soleil miroita sur une gourde en métal. Ayant bu, la fille se retourna, les yeux levés au ciel, montrant son visage. Malgré la sueur et la réverbération, Mona le reconnut aussitôt. Elle sentit l'afflux violent du sang. Elle porta la main à sa gorge et n'eut pas la force de crier. Elle voulut s'élancer et ne put faire un pas.

Le bois délabré gémit quand elle marcha sur le ponton. La gamine pêchait à la ligne. Un mouchoir en guise de couvre-chef, elle mangeait des cerises. Entre le pouce et l'index elle catapultait les noyaux dans la mer, faisait des gestes lents et gracieux. Elle regarda Mona s'approcher. Mona vit se profiler sur le ponton leurs ombres unies. Elle n'arrivait pas à sourire, elle n'avait plus de voix. Elle s'efforçait de garder l'équilibre. Elle apercevait le transistor noir à côté du sac. Transistor et radiocassette. Elle avait le même en cellule. Un cadeau de Tom.

— Salut, dit-elle.

Pas de réponse.

— Ça tape aujourd'hui. Tu viens souvent par ici ?

— Non.

La gamine continuait à pêcher. Elle tenait sa ligne en habituée, le fil par-dessus l'index, le poignet souple. Elle était jolie, les cheveux courts. Des mèches plaquées sur le front.

— Et comment tu connais ?

— Je connais.

— D'accord, mais il y a bien quelqu'un qui t'a renseignée.

La gamine eut l'air embarrassé.

— Elle m'a dit de ne pas le dire.

— Qui ça ?

— L'assistante.

Le regard de Mona tomba sur la radio.

— C'est elle qui te l'a donnée ?

— Elle m'a dit de ne pas le dire.

La gamine rentrait la tête dans les épaules. Elles ne se quittaient pas des yeux. Leurs ombres, une seule ombre. Mona fit encore un pas. Ses bras s'ouvraient et retombaient le long d'elle-même. Ses paupières se fermaient. La lumière vitreuse l'aveuglait. Si près qu'elle fût, cette petite fille, elle était si loin. A portée de main, si loin.

— C'est comment ton prénom ?

— Sabrina.

— Bien sûr.

Avançant la main, Mona lui posa deux doigts sur la joue, caresse de mère à l'enfant fiévreux. « Eveline », murmura-t-elle. La petite rougit violemment.

— Je m'appelle Sabrina.

— Qu'est-ce qu'elle t'a dit d'autre ?

— Elle ne m'a rien dit.

— Elle t'a parlé de moi ?

La gamine hocha la tête avec lenteur, de droite à gauche.

— Non. D'ailleurs je ne sais pas qui vous êtes.

Elle répondait tout bas. Mona l'entendait à peine. Elle s'agenouilla sur le ponton.

— Eveline.

La petite eut l'air excédé.

— Eveline, c'est pas mon prénom. Moi je m'appelle Sabrina.

— Menteuse.

Mona regardait l'enfant pêcher, sa ligne attachée au poignet. La brise errante morcelait et recomposait son reflet sur l'eau. Si ce n'est pas la vieille qui l'a renseignée !

— Elle t'a dit que je viendrais ?

— Elle n'a rien dit.

La petite avait lâché sa ligne. Renfrognée, tête basse, elle se triturait les doigts. Mona lui sépara les mains et les soupesa dans les siennes.

— Je peux t'embrasser ?

Elle croisait un regard inquisiteur de fillette bouleversée. Ses yeux lui crevaient les yeux. Sans attendre la réponse, elle la prit dans ses bras, nouée, transie, plus raide qu'un pantin. Elle eut sur la joue le poids d'un visage. Elle respira l'odeur jadis respirée du corps maternel de l'enfant, elle entendit battre son cœur. Elle tint la nuque à ce nouveau-né d'autrefois qu'elle se rappelait avoir tenu, protégé comme un œuf. Et toutes deux elles ne bougèrent plus, berçant leur amour impossible à dire. Et cette éternité s'achevait, reprenait. Des oiseaux minuscules filaient au ras de la mer avec des cris de souris.

— Eveline.

— Moi c'est Sabrina.

Mona n'écoutait pas, Mona divaguait les yeux fermés. Elle bécotait cette chevelure embroussaillée d'épis qui sentait bon la fleur de peau. Elle cherchait à soulever la fillette, à se nicher dans ses bras. Elle se souvenait quand elle allait le dos cambré, le ventre épanoui comme une proue. Elle disait mon enfant, mon enfant.

Deux mains la repoussèrent, elle faillit tomber. Devant elle, soudain très pâle, la gamine haletait.

— Faut que je m'en aille, madame, on m'attend.

— C'est moi qui te fais peur ?

— J'ai pas peur, dit la gamine d'une voix perchée.

Elle se rhabillait en vitesse, elle renfilait short et baskets. Elle mit sur les épaules un survêtement rouge avec des étoiles blanches.

— Ecoute-moi, dit Mona, écoute...

Les mains en coupe, elle emprisonna le visage de l'enfant.

— Tu veux bien m'écouter.

— J'ai pas le temps.

— Mais si.

La gamine ne la regardait plus. L'air piteux, le dos voûté, ce n'était plus une presque jeune fille habituée à se faire siffler par les garçons, mais une enfant grise de peur au bout d'un ponton désert, coincée par une inconnue qui lui racontait des choses folles.

— Ton père, dit Mona.

Elle ressentit le sursaut d'une bête entre ses mains.

— Il m'attend, mon père. Il ne veut pas que je sois en retard.

— Il t'attend et tu t'appelles Sabrina, bien sûr. Mais rien qu'une seconde, écoute-moi. Ton père et moi...

Elle ne sut que dire. Elle voyait les poings de la fillette enfoncés dans les poches du survêtement, tendues à craquer.

— Il est mort par accident, fit-elle sourdement, d'une voix qui suppliait.

— C'est pas vrai ! cria l'enfant, il est pas mort, il m'attend chez moi.

Elle cherchait à se dégager. Elle commençait à gémir et donner des coups de pied. Mona vit une telle frayeur dans ses yeux qu'elle relâcha son emprise. Libérée, la gamine se mit à ranger ses affaires le plus vite qu'elle pouvait.

— N'aie pas peur voyons...

Mais, Eveline ou Sabrina, l'enfant ne répondait plus. Elle fichait le camp. Lorsqu'elle voulut attraper son transistor, Mona, d'un coup de pied, l'envoya dans la mer. Elle fondit en larmes et prit la fuite. Elle n'avait pas fait cinq mètres que l'hameçon s'accrochait au ponton. Elle se baissa. Mona lui tomba dessus. Le visage de la petite heurta les planches et un filet de sang apparut au coin des lèvres.

— N'aie pas peur, je t'en supplie.

Il y eut un bourdonnement dans le ciel et toutes les deux levèrent la tête en même temps. Là-bas, au couchant, un point noir grossissait à vue d'œil.

— L'hélico, dit la gamine en s'essuyant la bouche, il vient par ici.

— Quel hélico ?

— Les gendarmes. C'est comme ça depuis ce matin. Ils cherchent après moi. Faut que j'y aille.

Elle courut jusqu'à la terre ferme et se retourna. Regardant Mona dans les yeux, elle lança comme une évidence :

— Sauve-toi, maman.

VII

A ce cri Mona plongea, fila sous la mer à larges brasses et, vaincue par la douleur, elle remonta. L'air gonfla ses poumons, elle faillit perdre connaissance. Elle appela sa fille, elle pensa l'appeler. Elle respirait à grands coups. Sur la falaise une trace rouge, oui, si pâle. Une silhouette allait s'amenuisant contre la clôture interminable des raffineries. Et, s'éloignant aussi, l'hélicoptère était comme un ballon tiré par une enfant dans un ciel brumeux. On aurait dit qu'il neigeait. Immobile, Mona brassait à la surface de l'eau. Le rouge s'éteignit, la silhouette ne fut plus qu'un grain de poussière au coin de l'œil. Elle disparut, l'hélicoptère disparut. Eveline, murmura Mona désemparée. Eveline, hurla-t-elle, et son regard se voila. Nul bruit dans le cachot d'immensité qui se reforme autour de sa peau. La nuit semblait envahir une pièce vide, sans fond, sans écho. Quand elle eut repris haleine, quand elle eut surmonté la violence du sang dans sa gorge, Mona se remit à nager.

Suivre le courant jusqu'à la plage où, depuis hier, il attend. Aller frapper ruisselante à la porte du van. Je l'ai vue, oui. Ma fille, Emmanuel. Ma fille existe vraiment, tu sais. Le trait pâle de l'incision ne mentait pas. Elle n'a pas ressenti pareil élan depuis... Elle ne l'a jamais ressenti. Elle parle en nageant, corps léger, fatigué, dont le sommeil ne veut plus. Et la voilà fière, impatiente et libre, enfin, de ricocher et planer sur des eaux enténébrées où les vivants bercent les morts. Il fait juste assez noir pour que la scène avec Eveline, sur le ponton, reste suspendue comme une éternité paisible et visible qui n'a rien d'un adieu, plus imminente à chaque instant. On y est arrivés, grenouille, on a tellement attendu, tellement peiné dans cette histoire où j'avais toujours des larmes que tu ne voulais pas étancher ni voir. Je tremblais pour un rien. Je me disais : cette fois ça m'est égal. Mais oui c'est mieux pour elle. Mais oui la gosse avant tout. Mais oui une mère incarcérée, ça va cinq minutes, pas dix ans, pas vingt. Je signe tout ce que vous voulez. Etonnant qu'on fasse un tel cas des volontés d'une femme au rebut pour une adoption. Je me disais : un enfant, sa mère, ce n'est jamais qu'un mot. Elle n'a qu'à rayer ce mot. J'en rayais bien, moi. Tous ceux du mal en patience, et d'autres : rayés, effacés. Ma vie réduite à ce nom d'enfant lancé contre les murs, à jamais sans réponse. Je me disais : donner ma fille, à la rigueur, c'est mon droit. Mais la fille de Tom... Je me disais : quelle aubaine, la taule. Libre, je serais tentée de l'élever. Et ce serait pire entre elle et moi qu'entre ma mère et moi. Ce serait pire avec Tom entre nous, à chaque seconde, avec ce père qu'elle ne pourrait même pas imaginer au sud. Elle hystérique, retorse, et moi toujours à lui devoir des explications. J'entendais les phrases que tu finirais par me jeter à la figure, je t'entendais m'accuser de vouloir te tuer, toi aussi, comme tu as tué mon père. Et je t'en voulais, ça durait des mois, la rancune m'aidait à passer le temps. Tu n'étais plus grenouille mais vipère. Et moi le serpent qui t'avais laissée naître. Je me disais : cette fois je ne lui pardonnerai jamais. Elle non plus. On a la paix pour un moment. Tôt ou tard une angoisse me jetait sur la vitre où je lisais de la peine dans tes yeux. Je me réveillais au cachot, punie. J'étais silencieuse et méchante. Je t'injuriais. Je me disais : elle me hait. Moi je ne sais plus. Ça doit être ça l'oubli, ces milliers d'heures en fumée. Je t'ai vue, grenouille, je t'ai touchée. Ta voix dans la mienne, tes regards dans les miens, nos ombres confondues sur les planches, tu es là. Et maintenant, pour nous séparer !...

Cependant qu'elle nageait à l'aveuglette, tendue vers ses rêves, elle éprouva une douleur au ventre et dut ralentir. Le froid, la faim. Elle est si fatiguée. Poser la joue sur la mer et dormir profondément. Elle voyait danser les lumières de la côte. Elle s'était beaucoup éloignée. Revenir à la nage, quelle idée ! Tom disait qu'ils étaient des poissons, des êtres faits pour voguer, de l'eau bleue sous les pieds. Elle arrivera quand elle arrivera. Mais où, déjà ?... Il soufflait un vent léger, la nuit fredonnait des mélodies oubliées. Non pas l'ocarina, mais une vague musique de souvenirs un peu fous, le rire d'un homme rencontré jadis au bal, des voix mêlées qui faisaient résonner son nom, Mona, Mona, eh bien la voilà... Elle aime être à table avec ces gens venus pour la fête, elle sait qu'ils ne vont plus s'en aller, sa famille entourée d'enfants qu'il faut langer, border, consoler tant qu'il fait jour sous leurs paupières et qu'ils s'imaginent, les petits mignons, qu'on peut mourir de sommeil. Une femme aussi lui parle et dit son nom, mais elle ne la voit pas. Ton père ne sera pas content, Mona, si tu rentres tard. Tu n'es pas obligée de lui dire. Tout ce que tu veux, mais ne compte pas sur moi pour mentir à ton père. J'ai un père, moi ? Première nouvelle. Il est ici ? Montre-le-moi. Tu vois bien qu'il n'existe pas. Le seul homme est toujours celui qu'elle n'a pas eu la force de ramener à la rive, ou pas voulu. Et cette histoire aux mille épisodes embellis, repris, oubliés, cachés, ne veut montrer qu'une seule vérité. La suprême confidence entre mère et fille, demain : Je l'ai tué, oui, de tout mon cœur. Je l'aimais. Après ? Je vivais à l'hôtel. Une aération déplorable. Des fréquentations qu'on n'irait pas souhaiter à ses pires ennemis. Une araignée chaque matin débobinait son fil et le rembobinait comme avec d'invisibles doigts. Et la vieille aux cheveux poivre et sel, chaque matin plus neige et plus sel, jurait qu'elle nous aiderait, grenouille, et nous ferait nous entrechoquer un jour comme les verres levés d'une libation. La nourriture ? A hurler. Des légumes en purée, jamais comme à la maison. Tu fais tourner ta cuillère longtemps avant d'oser manger. Ce drôle de goût, tu ne l'as jamais senti chez toi. Je n'avais plus faim de rien, je maigrissais. Je me disais : ça fait quatre ans, ça fait six ans. Je tournais indéfiniment ma cuillère dans les mêmes légumes en purée. Je tournais en rond dans ma chambre et je voyais tes yeux me regarder du dehors. Tu m'épouvantais à ne jamais parler, jamais battre des paupières, à ne faire aucun signe, toujours muette. Je voulais casser la vitre ou la couvrir de sang.

Elle nageait comme autrefois vers les images d'une vie dérobée par les voleurs, à peine volée sous son lit d'enfant, à peine cachée. Devant ses yeux, tout proche, une lueur hésitante, cernée, brillait par éclats. L'ombre inclinée d'une bouée. Leur bouée. Elle est toujours là, cette vieille toupie ! L'hiver, ils se mettaient au défi d'y aller la nuit. Tom la ramenait sur son dos et, l'écoutant chanter, elle s'endormait les bras autour de son cou. Souvent, la vague invisible d'un pétrolier creusait un lit vertigineux où, désenlacés, ils roulaient en criant. Il ne l'aimait pas, soi-disant, il était l'homme de la première venue. Il carambolait n'importe qui dans les bals, soi-disant, les cageots, les vieilles, n'importe qui faisait l'affaire pour tuer le temps, la nuit. Il le disait, oui. Menteur. Laquelle aurait voulu d'un pareil loup, laquelle aurait aimé cette homme hanté par le sud où, peut-être, il n'était jamais allé.

En dépassant la balise, elle entendit le chahut des oblades attirées par la lumière. Un reflet vert jouait sur le métal et sur l'eau. Elle crut sentir les poissons frétiller. Elle perdit la tête. Elle revoit Tom se débattre, elle entend ses cris, son nom qu'il hurle tandis qu'elle s'éloigne, attendant pour se retourner qu'il n'y ait plus aucun bruit sur la mer, plus rien que l'œil vert de la bouée.

Elle nageait, les muscles lourds, le dos glacé. Ce n'est pas Emmanuel qui pourra lui retirer le ciseau des mains. Il aura beau l'aimer comme elle aimait Tom, il aura beau lui pardonner, l'emmener dans un monde où le visage d'un enfant peut tout guérir : elle a tué son amant. Elle n'en guérit pas. Et le temps passe auprès d'un homme insatisfait, têtu, névrotiquement amoureux d'une femme à qui l'amour ne donne aucun sens. Ils survivent. Ils continuent leur fuite. On attend quoi, maintenant ? On va où ? Cesse de me trimbaler comme un objet précieux. N'oublie pas qui je suis. Ne fais pas semblant. De quoi tu te punis en restant avec moi ? Ils se querellent. Ils dorment collés l'un à l'autre, en se haïssant. Ils ne se parlent plus. Emmanuel veut la rendre jalouse, il ramène des filles à bord du van. Pour lui, la jalousie c'est l'amour. Elle aussi l'a cru. Tom, elle ne pense qu'à lui. Il le sait. S'il pouvait brûler cette ombre et la brûler avec !... Où vont-ils ? Ailleurs, sans cesse. Chaque matin, plier bagage. Une vie d'angoisse et d'aguets. Plus aucun but, plus aucune suite. Eveline par-ci par-là. Un bonheur par-ci par-là. Comme une voleuse. Elle rôde autour d'une maison qui ne s'ouvre pas. A la nuit noire, elle enjambe un muret, traverse un jardin, vient se tapir sous la fenêtre. Elle voit des gens à table, toujours les mêmes, elle entend tinter les couverts brillants. Elle voit sa fille heureuse et boudeuse au milieu des siens. Elle gratte à la vitre. En vain.

Impensable de sonner à la porte. Elle ne peut même pas entrer boire un verre d'eau. Un an plus tard, elle est de nouveau sous la fenêtre. Elle casse les carreaux. Elle ramène au van des poignets sectionnés. Elle supplie Emmanuel de ne pas la soigner, de la rendre folle une bonne fois, de la quitter. Ils sont absurdes, ensemble, ils n'existent pas. Les années meurent, elle est vieille, elle ne trouve plus la maison. C'était là, pourtant. Ils ont dû la raser avec le chantier naval. Petite, sur la pointe des pieds, au bout du môle, elle cherchait la plate-forme au sud. Elle ne l'a jamais vue.

Les lumières de la côte avaient disparu. Mona dérivait dans la pénombre violette, les yeux à peine ouverts, ses lèvres touchaient l'eau. Elle entendait les pulsations d'un souffle court, et sur sa peau glissaient les douces langues froides de la mer. Il est temps qu'elle arrive. N'importe où. Epuisée, tremblant de fièvre, elle fit la planche un moment, les bras en croix. Elle éprouvait l'euphorie du patient couché sur la table avant l'opération. Il va raconter sa vie le plus simplement du monde au premier qui se penchera vers lui. Un crime, oui. Involontaire, oui. Je leur ai dit, ils ne m'ont pas crue. Mais il y a ce quart de seconde, et peut-être moins, où l'on sait bien que l'on veut donner la mort, et pas forcément à celui qu'on tue. Elle rouvrit les yeux. La nuit se balançait comme un ciseau rouillé sur un clou.

Elle nageait vers ces lueurs, là-bas. Ses forces l'abandonnaient, la mer la recouvrait. Une femme lui parlait et lui versait l'eau d'une cruche entre les épaules, une main l'effleurait. Qui pouvait la rafraîchir ainsi, la consoler ? Qui s'est jamais soucié qu'elle ait moins soif ? Qui l'a jamais aimée ? La main s'ouvrait sur elle entre les épaules, étirait les doigts et pesait. Eveline, je t'en prie. Tu n'es pas une géante, tout de même, tu ne vas pas m'écraser. Une petite fille à l'intérieur de moi, pour toujours. Le bruit de l'eau s'éloignait. Quand elle ne l'entendit plus, Mona ferma les yeux. Elle vit une gamine en maillot de bain jaune paille, éclairée par une bougie. Tu es là, toi ? Tu es ma vie tu sais... Elle voulut la prendre dans ses bras mais la lumière s'éteignit.

REMERCIEMENTS

A Nadine Bourgain

A Jo Ross qui m'a fait découvrir Marseille et Port-de-Bouc.

Impression réalisée sur CAMERON par
BRODARD ET TAUPIN
La Flèche

pour le compte des Éditions Grasset
61, rue des Saints-Pères, 75006 Paris
en septembre 1996

Imprimé en France
Dépôt légal : septembre 1996
N° d'édition : 10109 – N° d'impression : 6062Q-5
ISBN : 2-246-48671-8